Auxiliar Administrativo/a

AYUNTAMIENTO DE PALMA

Si aún no dispones de tu **Curso MAD360**, te ofrecemos un acceso GRATIS de 30 días para que disfrutes de los siguientes recursos:

- Técnicas de Memoria 360.
- MADTEST: Test *online* Nivel PRO.
- Temario en formato digital.
- Vídeos.
- Esquemas.
- Planificación de estudio.
- Foro entre opositores hasta la fecha del examen.*
- Recursos y novedades exclusivas.
- Consúltanos sobre tu oposición y proceso selectivo.
- Actualizaciones legislativas (Boletines Oficiales) hasta 60 días antes de la fecha del examen.*

Para acceder a esta prueba del Curso MAD360** será necesaria la compra de todos los libros para esta especialidad de la edición 2025.

Regístrate en **mad.es/iniciar-sesion** y en la pestaña BIBLIOTECA valida los códigos que encuentras en la última página de tus libros.

NOTA IMPORTANTE:

* Examen de esta categoría profesional correspondiente a la convocatoria publicada en el BOIB n.º 44, de 10 de abril de 2025, o hasta el 31 de mayo de 2026, lo que se cumpla antes, y previa renovación del servicio.

** El acceso al CURSO MAD360 estará disponible desde mayo de 2025 (algunos recursos podrían estar disponibles en fecha posterior). Tendrá una duración de 30 días RENOVABLES mediante pago, desde la validación de códigos, o hasta el 30 de noviembre de 2026, lo que se cumpla antes.

MAD se reserva el derecho a ampliar dichas fechas.

Auxiliar Administrativo/a del Ayuntamiento de Palma

Mayo, 2025

Auxiliar Administrativo/a del Ayuntamiento de Palma

Test del temario

Autores

FRANCISCO JESÚS TORRES FONSECA
Licenciado en Derecho

TERESA MARÍA TORRES FONSECA
Licenciada en Derecho

ELENA GARCÍA FERNÁNDEZ
Licenciada en Derecho

CARLOS TOJEIRO ALCALÁ
Ingeniero Informático
Titulado MCP de Microsoft

© 7 Editores Recursos para la Cualificación Profesional y el Empleo, S.L. (7 Editores)
© Los autores
Primera edición, mayo 2025 (322 páginas)
Derechos de edición reservados a favor de 7 Editores
IMPRESO EN ESPAÑA
Diseño Portada: 7 Editores
Edita: 7 Editores
Avda. San Francisco Javier, 9 · Edificio Sevilla 2 · Planta 11 · Módulos 25-27 · 41018 Sevilla
Teléfono: 954 784 411 · WEB: www.mad.es · e-mail: administracion@7editores.com
ISBN: 978-84-142-9543-4
© "Editorial Mad" y "Eduforma" son nombres comerciales registrados de
7 Editores Recursos para la Cualificación Profesional y el Empleo, S.L.

Índice

TEST DEL SEGUNDO EJERCICIO

Áreas de conocimiento

Test del primer ejercicio

TEST N.º 1

La Constitución Española de 1978: estructura y principios generales

1. ¿En qué se fundamenta la Constitución Española?

a) En un Estado social y democrático de Derecho.
b) En la indisoluble unidad de la Nación española.
c) En la independencia de los poderes del Estado.
d) En la organización territorial del Estado.

2. Según el artículo 3 de la CE, el castellano es la lengua oficial del Estado y todos los Españoles:

a) Tienen el deber de usar y el derecho de conocer el castellano.
b) Tienen el derecho y el deber de conocer el castellano.
c) Tienen el deber de conocer y el derecho de usar el castellano.
d) Tienen el derecho de conocer y usar el castellano.

3. La Constitución Española reconoce y garantiza el derecho a la autonomía:

a) De las nacionalidades que la integran.
b) De las regiones que la integran.
c) De las Comunidades Autónomas que la integran.
d) De las nacionalidades y regiones que la integran.

4. El Preámbulo de la Constitución:

a) Tiene en sí carácter de norma jurídica.
b) Es una declaración de intenciones, destinada a interpretar lo que se quiere alcanzar con el contenido normativo de la Constitución.
c) Se trata de un texto sin fuerza jurídica de obligar.
d) Las respuestas b) y c) son correctas.

5. Señala la afirmación correcta, respecto de la aprobación, ratificación y publicación de la Constitución Española:

a) Aprobada por las Cortes el 31 de octubre de 1978, ratificada por el pueblo en referéndum el 6 de diciembre de 1978 y publicada el 29 de diciembre de 1978.

b) Aprobada por las Cortes el 30 de octubre de 1978, ratificada por el pueblo en referéndum el 16 de diciembre de 1978 y publicada el 27 de diciembre de 1978.

c) Aprobada por las Cortes el 31 de octubre de 1978, ratificada por el pueblo en referéndum el 16 de diciembre de 1978 y publicada el 29 de diciembre de 1978.

d) Aprobada por las Cortes el 10 de octubre de 1978, ratificada por el pueblo en referéndum el 26 de diciembre de 1978 y publicada el 30 de diciembre de 1978.

6. ¿En qué parte de la Carta Magna se establece la exposición de motivos que impulsan la norma constitucional y los objetivos que con ella se pretenden alcanzar?

a) En el Título preliminar.
b) En el Preámbulo.
c) En el Título I.
d) En el Título II.

7. La Constitución Española fue sancionada por:

a) El Rey.
b) El Presidente del Congreso.
c) Las Cortes Generales.
d) El Presidente del Gobierno.

8. ¿Cuáles de los siguientes españoles de origen pueden ser privados de su nacionalidad?

a) Exclusivamente los miembros de grupos terroristas.
b) Los miembros de grupos terroristas y los que atenten contra el Rey u otro miembro de la Casa Real.
c) Los que atenten contra un miembro de la Familia Real o del Gobierno de la Nación.
d) Ningún español de origen podrá ser privado de su nacionalidad.

9. Según la CE son fundamentos del orden político y la paz social:

a) La dignidad de la persona, los derechos violables que les son inherentes y el respeto a la ley.
b) La dignidad de la persona, el desarrollo limitado de la personalidad y el respeto a la ley.
c) El respeto a la ley, a los reglamentos administrativos y demás disposiciones legales.
d) La dignidad de la persona, los derechos inviolables que le son inherentes, el libre desarrollo de su personalidad, el respeto a la ley y a los derechos de los demás.

10. ¿Cuál de los siguientes es considerado por la CE como uno de los valores superiores del ordenamiento jurídico?

a) La jerarquía normativa.
b) El pluralismo político.
c) La publicidad normativa.
d) La equidad.

11. La forma política del Estado español es:

a) Democracia parlamentaria.
b) Gobierno parlamentario.
c) Monarquía parlamentaria.
d) República democrática.

12. La parte de la CE que regula la estructura de los principales órganos del Estado recibe el nombre de:

a) Parte dogmática.
b) Parte orgánica.
c) Parte estatal.
d) Parte estructural.

13. Según la CE, la soberanía nacional:

a) Corresponde a las Cortes Generales, al estar compuestas por los representantes del pueblo.
b) Corresponde al Rey.
c) Reside en el pueblo español.
d) Corresponde al Gobierno de la Nación elegido directamente por el pueblo.

14. Las primeras elecciones democráticas celebradas en España tras la muerte de Franco tuvieron lugar en:

a) 1975.
b) 1976.
c) 1977.
d) 1978.

15. El referéndum en el que se aprobó popularmente la Constitución se llevó a efecto el:

a) 27 de diciembre de 1978.
b) 6 de diciembre de 1978.
c) 31 de octubre de 1978.
d) 29 de diciembre de 1979.

16. La ponencia encargada de redactar el borrador de la Constitución se constituyó en el:

a) Senado.
b) Senado y Congreso de los Diputados.
c) Congreso de los Diputados.
d) Gobierno de la Nación.

17. Si un poder público, en su actuación, infringe lo dispuesto en el Preámbulo de la Constitución:

a) Incurre en nulidad.
b) Incurre en inconstitucionalidad.
c) No pasa nada salvo que, como consecuencia de esa actuación, se infrinja un artículo de la propia Constitución.
d) Nada de lo anterior es cierto.

18. El principio en virtud del cual el ciudadano está amparado por una legislación no sujeta a continuos vaivenes es el de:

a) Legalidad.
b) Publicidad normativa.
c) Seguridad jurídica.
d) Jerarquía normativa.

19. El principio en virtud del cual un Reglamento no puede contradecir una ley es el de:

a) Legalidad.
b) Jerarquía normativa.
c) Las respuestas a) y b) son correctas.
d) Seguridad jurídica.

20. Según la Constitución, una norma que imponga una nueva pena más leve para un delito:

a) No se aplica retroactivamente.
b) Puede aplicarse retroactivamente.
c) Ha de ser reglamentaria.
d) Atenta contra el principio de legalidad penal si se aplica retroactivamente.

21. Todos los españoles, respecto al castellano, tienen el:

a) Derecho-deber de conocerlo.
b) Derecho de usar y deber de conocerlo.
c) Derecho-deber de usarlo.
d) Nada de lo anterior.

22. La capital del Estado en España es:

a) La propia de cada Comunidad Autónoma.
b) La villa de Madrid.
c) Aquella donde se establezca en cada momento el Gobierno de la Nación.
d) Aquella en la que resida generalmente el Rey.

23. El Título de la Constitución que trata de la reforma constitucional es el:

a) Primero.
b) Décimo.
c) Noveno.
d) Undécimo.

24. El Defensor del Pueblo se regula en el siguiente Título y Capítulo de la Constitución, respectivamente:

a) Preliminar y 1.º
b) Segundo y 4.º
c) Segundo y 3.º
d) Primero y 4.º

25. El Título de la misma que trata del Gobierno y la Administración es el:

a) Tercero.
b) Cuarto.
c) Quinto.
d) Sexto.

26. Los principios rectores de la política social y económica se regulan en el siguiente Capítulo y Título de la Constitución:

a) Segundo del Primero.
b) Tercero del Primero.
c) Tercero del Preliminar.
d) Primero del Séptimo.

27. La derogación de una norma posconstitucional que vaya en contra de la Constitución se efectúa por el/la/las:

a) Propia Constitución.
b) Tribunal Constitucional.
c) Cortes Generales.
d) Gobierno de la Nación.

28. El pluralismo político, para nuestra Constitución, es un/una:

a) Principio General del ordenamiento político.
b) Valor superior del ordenamiento jurídico.
c) Principio rector de la política social y económica.
d) Derecho fundamental.

29. La forma política del Estado español es:

a) Unitaria y regionalizada.
b) Federal.
c) La Monarquía Parlamentaria.
d) La propia de un Estado Social y Democrático.

30. La justicia, según nuestra Constitución, es un/una:

a) Principio de nuestro ordenamiento jurídico.
b) Valor superior del anterior.
c) Manifestación del Estado democrático.
d) Todo lo anterior.

31. Un español de origen puede perder esta nacionalidad:

a) Por sanción administrativa.
b) Cuando libremente renuncie a la misma.
c) Por condena penal.
d) En ningún caso.

32. La defensa de la integridad territorial de España se atribuye por la Constitución a/al/a las:

a) Fuerzas y Cuerpos de Seguridad.
b) Fuerzas Armadas.
c) Gobierno de la Nación.
d) Todas las anteriores.

33. El Título de la Constitución que trata de las relaciones entre el Gobierno y las Cortes Generales es el:

a) Cuarto.
b) Quinto.
c) Sexto.
d) Tercero.

34. ¿En qué fecha aprobaron las Cortes Generales la Constitución Española?

a) El 31 de octubre de 1978.
b) El 6 de diciembre de 1978.
c) El 27 de diciembre de 1978.
d) El 29 de diciembre de 1978.

35. ¿Cuál de las siguientes no es una característica de la Carta Magna?

a) Su rigidez.
b) El establecimiento, como forma política del Estado, de la monarquía hereditaria.
c) Su codificación en un solo texto.
d) Su extensión.

36. ¿De cuántos artículos consta la Constitución Española de 1978?

a) De 154.
b) De 163.
c) De 169.
d) De 171.

37. ¿Cuál de los siguientes no es uno de los valores superiores de nuestro ordenamiento jurídico?

a) El pluralismo político.
b) La solidaridad.
c) La libertad.
d) La igualdad.

38. A tenor del artículo 11 de la Constitución, los españoles de origen podrán ser privados de su nacionalidad:

a) Cuando así lo determinen las leyes.
b) Cuando entren al servicio de las armas de un país extranjero.
c) Cuando así lo apruebe el Consejo de Ministros.
d) En ningún caso un español de origen podrá ser privado de su nacionalidad.

39. Las Cortes Generales, ¿en qué Título de nuestra Constitución se regulan?

a) En el Título II.
b) En el Título III.
c) En el Título IV.
d) En el Título VI.

40. Según la Disposición Final de nuestra Constitución, esta entrará en vigor:

a) Al día siguiente de su publicación en el Boletín Oficial del Estado.
b) A los veinte días de la publicación de su texto oficial en el Boletín Oficial del Estado.
c) El mismo día de la publicación de su texto oficial en el Boletín Oficial del Estado.
d) Al año de la publicación de su texto oficial en el Boletín Oficial del Estado.

Solución al test n.º 1

1. b) En la indisoluble unidad de la Nación española.

2. c) Tienen el deber de conocer y el derecho de usar el castellano.

3. d) De las nacionalidades y regiones que la integran.

4. d) Las respuestas b) y c) son correctas.

5. a) Aprobada por las Cortes el 31 de octubre de 1978, ratificada por el pueblo en referéndum el 6 de diciembre de 1978 y publicada el 29 de diciembre de 1978.

6. b) En el Preámbulo.

7. a) El Rey.

8. d) Ningún español de origen podrá ser privado de su nacionalidad.

9. d) La dignidad de la persona, los derechos inviolables que le son inherentes, el libre desarrollo de su personalidad, el respeto a la ley y a los derechos de los demás.

10. b) El pluralismo político.

11. c) Monarquía parlamentaria.

12. b) Parte orgánica.

13. c) Reside en el pueblo español.

14. c) 1977.

15. b) 6 de diciembre de 1978.

16. c) Congreso de los Diputados.

17. c) No pasa nada, salvo que, como consecuencia de esa actuación, se infrinja un artículo de la propia Constitución.

18. c) Seguridad jurídica.

19. c) Las respuestas a) y b) son correctas.

20. b) Puede aplicarse retroactivamente.

21. b) Derecho de usar y deber de conocerlo.

22. b) La villa de Madrid.

23. b) Décimo.

24. d) Primero y 4.º.

25. b) Cuarto.

26. b) Tercero del Primero.

27. a) Propia Constitución.

28. b) Valor superior del ordenamiento jurídico.

29. c) La Monarquía Parlamentaria.

30. b) Valor superior del anterior.

31. b) Cuando libremente renuncie a la misma.

32. b) Fuerzas Armadas.

33. b) Quinto.

34. a) El 31 de octubre de 1978.

35. b) El establecimiento, como forma política del Estado, de la monarquía hereditaria.

36. c) De 169.

37. b) La solidaridad.

38. d) En ningún caso un español de origen podrá ser privado de su nacionalidad.

39. b) En el Título III.

40. c) El mismo día de la publicación de su texto oficial en el Boletín Oficial del Estado.

TEST N.º 2

Los derechos y los deberes fundamentales en la Constitución. El Tribunal Constitucional

1. Según la Constitución, el Estado es:

a) Apolítico.
b) Aconfesional.
c) De bienestar social.
d) Federal.

2. El derecho a la vida se consagra en el siguiente artículo de la Constitución:

a) 10.
b) 16.
c) 15.
d) 24.

3. La pena de muerte en España:

a) Ha quedado abolida.
b) Puede aplicarse en cualquier momento.
c) Solo se aplicará, en tiempo de guerra, a los militares.
d) Rige solo en el ámbito civil.

4. La inmediata puesta a disposición judicial derivada del habeas corpus, se produce por:

a) Detención ilegal.
b) Prisión ilegal.
c) Prisión preventiva.
d) Detención preventiva.

5. El proceso en el que se enjuicie a un presunto delincuente debe:

a) Ser sumario.
b) No dilatarse.
c) Entorpecer los instrumentos probatorios.
d) Nada de lo anterior es cierto.

6. La entrada en un domicilio en caso de flagrante delito, sin autorización de su titular:

a) Puede dar lugar a la aplicación del habeas corpus.
b) Requiere autorización previa de la autoridad judicial.
c) Puede efectuarse en todo momento.
d) No puede realizarse en momento alguno.

7. Cuando, al conocerse la comisión de un delito por una persona, se acude a su domicilio para detenerla:

a) Está obligada a franquear la entrada.
b) Se necesitará autorización judicial para entrar, si no da su consentimiento para ello.
c) Pese a que no dé su consentimiento, se puede entrar.
d) Nada de lo anterior es correcto.

8. La autorización previa para celebrar una manifestación pública:

a) La da el Subdelegado del Gobierno en la Provincia.
b) Es ineludible.
c) Sería inconstitucional.
d) Se da cuando no se prevean alteraciones al orden público, con peligro para personas o bienes.

9. El tipo de sufragio que consagra la Constitución es el:

a) Proporcional.
b) Universal.
c) Censitario.
d) Las respuestas a) y b) son correctas.

10. Además de la no autoinculpación, la Constitución prevé que no se está obligado a declarar sobre un hecho presuntamente delictivo en caso de:

a) Parentesco y afinidad.
b) Cláusula de conciencia.
c) Secreto profesional.
d) Las respuestas a) y b) son correctas.

11. Los Tribunales de Honor están prohibidos respecto de los/la/las:

a) Sindicatos y Organizaciones Profesionales.
b) Administración Civil y Militar.
c) Organizaciones Profesionales y la Administración Civil.
d) Todas las respuestas anteriores son correctas.

12. El secreto profesional, constitucionalmente, sirve para:

a) Ejercer con libertad una profesión titulada.
b) La libertad de creación científica y técnica.
c) No declarar sobre hechos presuntamente delictivos.
d) Todo lo anterior.

13. La fundación de una Internacional Sindical por un sindicato español:

a) Es libre.
b) Está prohibida.
c) Debe plasmarse en un Tratado Internacional.
d) Nada de lo anterior es cierto.

14. El ejercicio del derecho de petición a través de una manifestación ciudadana:

a) No se admite.
b) Se admite en algún caso.
c) Se admite, salvo para los militares.
d) Ni se admite ni se prohíbe.

15. Nuestro sistema tributario ha de ser:

a) Regresivo e igualitario.
b) Progresivo y generalizado.
c) Confiscatorio.
d) Justo y regresivo.

16. Las Fundaciones son:

a) Entidades constituidas para fines de interés general.
b) Administración Corporativa.
c) Entidades privadas con fines de carácter también privado.
d) Asociaciones de personas para conseguir fines de interés general.

17. La asistencia de todo orden a los hijos habidos extraconyugalmente:

a) No está prevista en la Constitución.
b) Es un deber de los padres.
c) Se dispensará por Instituciones de Beneficencia.
d) Se dispensa solo a los que de ellos tengan discapacidad.

18. La especulación urbanística, según la Constitución:

a) Debe evitarse.
b) Está permitida.
c) Genera plusvalías para la colectividad.
d) Pueden hacerla los poderes públicos.

19. No es susceptible de recurso de amparo el derecho a la/de:

a) Sindicación.
b) Investigación científica.
c) Secreto de las comunicaciones.
d) Lo son todos ellos.

20. Tampoco lo es el derecho de:

a) Libertad de cátedra.
b) Negociación colectiva.
c) Manifestación.
d) Huelga.

21. Y sí lo está el derecho de/a la:

a) Libre sindicación.
b) Petición.
c) Cláusula de conciencia.
d) Lo están todos ellos.

22. Una vez declarado el estado de excepción no se puede suspender el derecho/ libertad de:

a) Huelga.
b) Enseñanza.
c) Adopción de medidas de conflicto colectivo.
d) Libertad de circulación.

23. Durante el estado de excepción, un detenido conserva el derecho de/a:

a) Setenta y dos horas para ser puesto a disposición judicial.
b) Secreto de comunicaciones.
c) Asistencia de Letrado.
d) Ninguno de ellos.

24. Se puede suspender, con motivo de investigaciones relativas a bandas armadas, el derecho de:

a) Huelga.
b) Inviolabilidad del domicilio.
c) Libertad de circulación.
d) Las respuestas b) y c) son correctas.

25. Señala la respuesta incorrecta respecto al Tribunal Constitucional:

a) Se organiza a través de las figuras del Presidente, el Pleno, las Salas y las Secciones.
b) El Presidente, será nombrado entre sus miembros por el Rey, a propuesta del mismo Tribunal en Pleno y por un período de tres años.
c) El Pleno lo preside el Presidente del Tribunal y, en su defecto, el Vicepresidente y, a falta de ambos, el Magistrado de mayor edad.
d) La distribución de asuntos entre las Salas del Tribunal se efectuará según un turno establecido por el Pleno a propuesta de su Presidente.

26. Para la adopción de los acuerdos de las Secciones del Tribunal Constitucional, se requerirá:

a) La presencia siempre de sus tres miembros.
b) La presencia de dos miembros, salvo que haya discrepancia, requiriéndose entonces la de sus tres miembros.
c) La presencia de tres miembros, salvo que haya discrepancia, requiriéndose entonces la de sus cinco miembros.
d) La presencia siempre de sus cinco miembros.

27. Señala la respuesta incorrecta respecto a las sentencias del Tribunal Constitucional:

a) Las sentencias y resoluciones del Tribunal Constitucional tendrán la consideración de títulos declarativos.
b) Todos los poderes públicos están obligados al cumplimiento de lo que el Tribunal Constitucional resuelva.
c) Las sentencias del Tribunal Constitucional se publicarán en el Boletín Oficial del Estado con los votos particulares, si los hubiere.
d) Salvo que en el fallo se disponga otra cosa, subsistirá la vigencia de la ley en la parte no afectada por la inconstitucionalidad.

28. ¿Quién nombra a los miembros del Tribunal Constitucional?

a) El Rey.
b) El Presidente del Gobierno.
c) Las Cortes Generales.
d) El Presidente del Tribunal Constitucional.

29. ¿Cuántos de los miembros del Tribunal Constitucional son propuestos por el Consejo General del Poder Judicial?

a) Cuatro.
b) Tres.
c) Dos.
d) Ninguno.

30. Los miembros del Tribunal Constitucional deberán ser nombrados entre Magistrados y Fiscales, Profesores de Universidad, Funcionarios Públicos y Abogados, todos ellos Juristas de reconocida competencia:

a) Con más de veinte años de ejercicio profesional.
b) Con más de quince años de ejercicio profesional.
c) Con más de doce años de ejercicio profesional.
d) Con más de diez años de ejercicio profesional.

31. ¿Cuántas salas tiene el Tribunal Constitucional y de cuántos Magistrados se componen cada una de ellas?

a) Las Salas son tres, compuestas cada una por cuatro Magistrados.
b) Las Salas son dos, compuestas cada una por seis Magistrados.
c) Las Salas son tres, compuestas cada una por seis Magistrados.
d) Las Salas son dos, compuestas cada una por cuatro Magistrados.

32. Las sentencias del Tribunal Constitucional han de publicarse en el:

a) Diario Oficial de las Cortes Generales.
b) Boletín Oficial del Estado.
c) Periódico de mayor circulación de la capital de España.
d) Tablón de Anuncios del propio Tribunal.

33. Puede plantear un conflicto negativo de competencias entre el Estado y las Comunidades Autónomas, ante el Tribunal Constitucional:

a) Un particular afectado por el mismo.
b) Las Cortes Generales y los Parlamentos Autonómicos.
c) Solo el Gobierno de la Nación y los Consejos de Gobierno de dichas Comunidades Autónomas.
d) El Defensor del Pueblo.

34. Los Reglamentos sobre funcionamiento y organización, y régimen de su personal y servicios del Tribunal Constitucional se aprueban por el/las:

a) Cortes Generales.
b) Salas del mismo.

c) Pleno del propio Tribunal.
d) Presidente del Tribunal.

35. ¿Qué órgano es el intérprete supremo de la Constitución, es independiente de los demás órganos constitucionales y está sometido solo a la Constitución y a su Ley Orgánica?

a) El Tribunal Supremo.
b) El Consejo de Estado.
c) El Tribunal Constitucional.
d) El Consejo General del Poder Judicial.

36. ¿Por cuántos años es nombrado el Presidente de Tribunal Constitucional?

a) Por tres.
b) Por cuatro.
c) Por cinco.
d) Por seis.

Solución al test n.º 2

1. b) Aconfesional.

2. c) 15.

3. a) Ha quedado abolida.

4. a) Detención ilegal.

5. b) No dilatarse.

6. c) Puede efectuarse en todo momento.

7. b) Se necesitará autorización judicial para entrar, si no da su consentimiento para ello.

8. c) Sería inconstitucional.

9. b) Universal.

10. c) Secreto profesional.

11. c) Organizaciones Profesionales y la Administración Civil.

12. c) No declarar sobre hechos presuntamente delictivos.

13. a) Es libre.

14. a) No se admite.

15. b) Progresivo y generalizado.

16. a) Entidades constituidas para fines de interés general.

17. b) Es un deber de los padres.

18. a) Debe evitarse.

19. b) Investigación científica.

20. b) Negociación colectiva.

21. d) Lo están todos ellos.

22. b) Enseñanza.

23. c) Asistencia de Letrado.

24. b) Inviolabilidad del domicilio.

25. c) El Pleno lo preside el Presidente del Tribunal y, en su defecto, el Vicepresidente y, a falta de ambos, el Magistrado de mayor edad.

26. b) La presencia de dos miembros, salvo que haya discrepancia, requiriéndose entonces la de sus tres miembros.

27. a) Las sentencias y resoluciones del Tribunal Constitucional tendrán la consideración de títulos declarativos.

28. a) El Rey.

29. c) Dos.

30. b) Con más de quince años de ejercicio profesional.

31. b) Las Salas son dos, compuestas cada una por seis Magistrados.

32. b) Boletín Oficial del Estado.

33. a) Un particular afectado por el mismo.

34. c) Pleno del propio Tribunal.

35. c) El Tribunal Constitucional.

36. a) Por tres.

TEST N.º 3

La Constitución española de 1978: La Corona. Las Cortes Generales. El Defensor del Pueblo y el Tribunal de Cuentas. El Poder Judicial

1. El nombramiento del Defensor del Pueblo se efectuará por un período de:

a) 7 años.
b) 9 años.
c) 5 años.
d) 3 años.

2. Según la Constitución Española, arbitra y modera el funcionamiento regular de las instituciones:

a) El Presidente del Gobierno.
b) El Rey.
c) El Estado.
d) Los tribunales de Justicia.

3. Las abdicaciones y renuncias y cualquier duda de hecho o de derecho que ocurra en el orden de sucesión a la Corona se resolverán:

a) Por ley.
b) Por decreto ley.
c) Por decisión de las Cortes Generales.
d) Por ley orgánica.

4. Si no hubiese a quien corresponda la Regencia, esta será nombrada por:

a) Las Cortes Generales.
b) El Congreso de los Diputados.
c) El Senado.
d) El Gobierno.

5. No necesita de refrendo:

a) Declarar la guerra y hacer la paz.
b) Expedir los decretos acordados en Consejo de Ministros.
c) Nombrar y relevar a los miembros civiles y militares de la Casa Real.
d) Todos los actos del Rey necesitan refrendo.

6. ¿A quién corresponde manifestar el consentimiento del Estado para obligarse por medio de tratados?

a) Al Rey.
b) Al Gobierno.
c) Al Estado.
d) Al Presidente del Gobierno.

7. El Defensor del Pueblo se configura constitucionalmente como alto comisionado:

a) Del pueblo.
b) De las Cortes Generales.
c) Del Poder Judicial.
d) Del Gobierno.

8. ¿De quién recibe órdenes el Defensor del Pueblo?

a) De las Cortes Generales.
b) No está sometido a mandato imperativo.
c) De los Tribunales.
d) Del Gobierno.

9. Si el príncipe heredero contrae matrimonio contra la expresa prohibición de las Cortes Generales:

a) No podrá casarse.
b) Podrá casarse, pero no podrá vivir en el palacio real.
c) Deberá antes de pedir autorización a las Cortes para poder contraerlo.
d) Será excluido en la sucesión de la corona.

10. Según el art. 59.5 de la Carta Magna, la Regencia se ejercerá:

a) Por mandato constitucional y en nombre del pueblo español.
b) Por mandato constitucional y en nombre de las Cortes Generales.
c) Por mandato constitucional y en nombre de la soberanía popular.
d) Por mandato constitucional y en nombre del Rey.

11. Las Cámaras se reúnen en sesiones:

a) Ordinarias y extraordinarias.
b) Simples o conjuntas.
c) Ordinarias, extraordinarias y conjuntas.
d) Ordinarias, extraordinarias y de urgencia.

12. Para adoptar acuerdos, las Cámaras deben estar reunidas reglamentaria-mente y con asistencia de la mayoría de sus miembros. Dichos acuerdos, para ser válidos, deberán ser aprobados:

a) Por la mayoría de los miembros presentes.
b) Por mayoría absoluta de sus miembros.
c) Por los 3/5 de cada una de las Cámaras.
d) Por los 2/3 del conjunto de las Cámaras.

13. ¿En qué plazo deberá ser convocado el Congreso electo tras la celebración de elecciones?

a) Entre los 30 y 60 días siguientes.
b) Dentro de los 25 días siguientes.
c) Entre los 10 y 30 días siguientes.
d) Dentro de los 30 días siguientes.

14. En las causas contra Diputados y Senadores será competente:

a) La Sala de lo Civil del Tribunal Supremo.
b) La Sala de lo Social del Tribunal Supremo.
c) La Sala de lo Contencioso-Administrativo del Tribunal Supremo.
d) La Sala de lo Penal del Tribunal Supremo.

15. Las Diputaciones Permanentes estarán presididas por:

a) El diputado de mayor edad.
b) El diputado del grupo parlamentario más numeroso.
c) El Presidente del Gobierno.
d) El Presidente de la Cámara respectiva.

16. ¿Cuántos Senadores corresponderán a Menorca?

a) 1.
b) 2.
c) 3.
d) 4.

17. ¿Quién nombra al Presidente del Tribunal de Cuentas?

a) El Presidente del Congreso de los Diputados.
b) El Rey.
c) El Congreso de los Diputados.
d) El Pleno del Congreso de los Diputados.

18. ¿De qué órgano constitucional depende el Tribunal de Cuentas?

a) Del Gobierno.
b) Del Tribunal Supremo.
c) Del Congreso de los Diputados.
d) De las Cortes Generales.

19. Las sesiones conjuntas del Senado y del Congreso serán presididas:

a) Por el Rey.
b) Por el Presidente del Gobierno.
c) Por el Presidente del Congreso.
d) Por el Presidente del Senado.

20. ¿Cuánto tiempo dura el mandato del Presidente del Tribunal de Cuentas?

a) Cuatro años.
b) Cinco años.
c) Tres años.
d) Dos años.

21. Los Senadores por provincias se elegirán por:

a) Sufragio universal, libre, igual, directo y secreto.
b) Sufragio directo, libre, igual, directo y secreto.
c) Sufragio internacional, directo, igual y secreto.
d) Sufragio universal, libre, secreto, igual y secreto.

22. Para que un Diputado o Senador pueda ser inculpado o procesado será requisito indispensable:

a) Que así lo determine el Tribunal Supremo.
b) Que así lo determine el Tribunal Constitucional.
c) Que así lo determine la Audiencia Nacional.
d) Que así lo autorice su respectiva Cámara.

23. Señala la respuesta incorrecta respecto al Tribunal de Cuentas:

a) El Pleno del Tribunal de Cuentas estará integrado por once Consejeros de Cuentas, uno de los cuales será el Presidente, y el Fiscal.

b) Los miembros del Tribunal de Cuentas gozarán de la misma independencia e inamovilidad y estarán sometidos a las mismas incompatibilidades de los Jueces.

c) Una ley orgánica regulará la composición, organización y funciones del Tribunal de Cuentas.

d) El Tribunal de Cuentas, sin perjuicio de su propia jurisdicción, remitirá a las Cortes Generales un informe anual en el que, cuando proceda, comunicará las infracciones o responsabilidades en que, a su juicio, se hubiere incurrido.

24. ¿Cuál de las siguientes no es una de las cuatro Salas que integran la Audiencia Nacional?

a) De lo Contencioso-Administrativo.
b) De lo Penal.
c) De lo Civil.
d) De Apelación.

25. ¿Cuál es la Sala Tercera del Tribunal Supremo?

a) De lo Contencioso-Administrativo.
b) De lo Social.
c) De lo Penal.
d) De lo Militar.

26. ¿Cuántos Vocales integran el Consejo General del Poder Judicial?

a) Diez.
b) Doce.
c) Quince.
d) Veinte.

27. ¿Cuál de los siguientes no es uno de los órganos del Consejo General del Poder Judicial?

a) La Comisión de Calificación.
b) La Comisión Permanente.
c) La Comisión Disciplinaria.
d) La Comisión de Igualdad.

28. ¿A quién corresponde ejercer la alta inspección de Tribunales, así como la supervisión y coordinación de la actividad inspectora ordinaria de los Presidentes y Salas de Gobierno de los Tribunales?

a) Al Tribunal Supremo.
b) Al Ministro de Justicia.

c) Al Consejo General del Poder Judicial.
d) Al Tribunal Constitucional.

29. El segundo periodo de sesiones de las Cámaras comprende los meses de:

a) Enero a mayo.
b) Febrero a mayo.
c) Enero de junio.
d) Febrero a junio.

30. Señala la respuesta correcta:

a) El Congreso de los Diputados es la Cámara de representación territorial.
b) Las poblaciones de Ceuta y Melilla elegirán cada una de ellas un Senador.
c) Son electores y elegibles todos los españoles que estén en pleno uso de sus derechos políticos.
d) El art. 68 de la Carta Magna dispone que el Congreso se compone de un mínimo de 350 y un máximo de 400 Diputados.

31. La asunción de funciones constitucionales por la Reina consorte:

a) Está prevista como regla general.
b) Depende de la voluntad del Rey.
c) Está prohibida.
d) Está limitada.

32. La tutoría del Rey puede recaer en:

a) Cualquier persona nombrada por las Cortes Generales, en su caso.
b) Sus hijos.
c) Una, tres o cinco personas.
d) Nada de lo anterior es cierto.

33. Una hija del Príncipe de Asturias ostentará este tratamiento:

a) Cuando su padre acceda a la condición de Rey, si es la primogénita, aunque tenga hermanos varones.
b) Al morir su padre.
c) Al acceder a Rey su padre, si no tiene hermano varón.
d) Cuando delegue en ella el propio Príncipe.

34. La Regencia se ejerce:

a) Por mandato del Rey.
b) En nombre de este.

c) Por mandato constitucional.
d) Las respuestas b) y c) son correctas.

35. La dirección de la defensa del Estado es competencia genuina del/de las:

a) Rey.
b) Fuerzas Armadas.
c) Gobierno de la Nación.
d) Todos ellos.

36. El refrendo de los actos del Rey está íntimamente relacionado con:

a) Su irresponsabilidad política.
b) Su inhabilitación.
c) La Regencia.
d) Sus poderes discrecionales.

37. En caso de que el Rey sea menor de edad:

a) No tomará posesión de su cargo hasta su mayoría de edad.
b) Ejercerá la Regencia el Príncipe heredero.
c) Ejercerá la Regencia su cónyuge.
d) Nada de lo anterior es cierto.

38. Si el Príncipe heredero tuviera descendientes y renunciara a sus derechos al trono:

a) Su cónyuge ejercería la Regencia hasta que su primogénito varón fuere mayor de edad.
b) Su cónyuge ejercería la Regencia hasta que dicho primogénito fuera proclamado Rey.
c) Se nombraría Princesa heredera a su hermana mayor, si la hubiere.
d) Nada de lo anterior es cierto.

39. La presidencia por el Rey de las reuniones del Consejo de Ministros:

a) Se permite solo respecto de las decisorias.
b) Ha de efectuarse a petición del Presidente del Gobierno de la Nación.
c) Está prevista constitucionalmente para dirigir la Administración Civil y Militar.
d) Las respuestas a) y b) son ciertas.

40. El juramento lo prestará el Rey ante el/las:

a) Cortes Generales.
b) Gobierno de la Nación.

c) Miembros de la Familia Real.
d) Pueblo español.

41. Si se agotan todas las líneas llamadas a la sucesión en la Corona de España, se:

a) Nombran Regentes.
b) Proveerá a la sucesión en la Corona por las Cortes Generales.
c) Proclama la República.
d) Establece una Dictadura.

42. La inhabilitación del Rey se reconoce por el/los/las:

a) Gobierno de la Nación.
b) Congreso de los Diputados.
c) Cortes Generales.
d) Tres Poderes constitucionales.

43. El Regente nombrado en defecto de padre, madre, pariente mayor de edad o Príncipe heredero mayor de edad se designa por el/las:

a) Propio Rey.
b) Cortes Generales.
c) Congreso de los Diputados.
d) Consejo de Regencia.

44. El número mínimo de Diputados previstos para el Congreso de los Diputados es de:

a) 250.
b) 300.
c) 400.
d) 350.

45. No es incompatible para ser elegido Diputado del Congreso de los Diputados un:

a) Militar en activo.
b) Miembro de una Junta Electoral.
c) Juez.
d) Ministro.

46. La Palma elige los siguientes Senadores:

a) Ninguno.
b) Dos.
c) Uno.
d) Cuatro.

47. La declaración del estado de sitio debe hacerla el/las:

a) Gobierno de la Nación.
b) Rey.
c) Congreso de los Diputados.
d) Presidente del Gobierno de la Nación.

48. El Presidente de la Diputación Permanente del Congreso de los Diputados es el:

a) Del partido mayoritario.
b) Portavoz del partido con mayor número de escaños.
c) Presidente de la Cámara.
d) Elegido por los Portavoces de los Grupos Parlamentarios.

49. El mínimo de miembros integrantes de una Comisión de Investigación según el artículo 76 de la Constitución es de:

a) Veintiuno.
b) Mayoría simple.
c) Mayoría absoluta.
d) No se establece.

50. No puede solicitar la celebración de una sesión extraordinaria de las Cortes Generales el/la:

a) Mayoría absoluta de sus miembros.
b) Diputación Permanente de ellas.
c) Mesa de cada Cámara.
d) Gobierno de la Nación.

51. El primer período de sesiones de las Cámaras concluye, según la Constitución:

a) Al finalizar su mandato.
b) En enero.
c) En diciembre.
d) En junio.

52. No puede delegarse en una Comisión Legislativa Permanente la posibilidad de aprobar una Ley:

a) Tributaria.
b) De funcionarios públicos.
c) Orgánica.
d) Las respuestas a) y c) son correctas.

53. El Defensor del Pueblo da cuenta del ejercicio de sus atribuciones al/a las:

a) Tribunal Constitucional.
b) Gobierno de la Nación.
c) Cortes Generales.
d) Poder Judicial.

54. La elección del Defensor del Pueblo compete al/a la/a los:

a) Plenos del Congreso de los Diputados y el Senado.
b) Comisión creada al efecto en el Congreso de los Diputados.
c) Gobierno de la Nación.
d) Rey.

55. La inviolabilidad, respecto al Defensor del Pueblo:

a) No la tiene.
b) La posee sobre cualquier actuación, personal o propia del cargo, que realice.
c) La ostenta en cuanto a los actos que realice en el ejercicio de sus competencias como tal.
d) Supone que está exento de dar cuenta de su trabajo a las Cortes Generales.

56. Si se presenta una queja anónima ante el Defensor del Pueblo:

a) Deberá darle trámite.
b) Solo la tramitará si el asunto es de interés general.
c) No está obligado a darle trámite.
d) Se deja a su arbitrio el darle o no trámite.

57. Las quejas deben presentarse al Defensor del Pueblo:

a) A través de Abogado y Procurador.
b) En papel de pagos al Estado.
c) Con el justificante de haber pagado las tasas correspondientes.
d) En papel común.

58. El auxilio al Defensor del Pueblo por parte de los funcionarios públicos:

a) Se supedita a lo que, en cada caso, determine la Autoridad administrativa de la que dependan.
b) Solo se realizará cuando judicialmente se reclame.
c) Ha de ser preferente y urgente.
d) Es potestativo para ellos.

59. Los miembros del Tribunal de Cuentas gozan de la independencia e inamovilidad propia de los:

a) Miembros del Gobierno de la Nación.
b) Jueces.
c) Funcionarios públicos.
d) Carecen de estas prerrogativas.

60. El informe anual que ha de emitir el Tribunal de Cuentas, ha de remitirlo al/a las:

a) Gobierno de la Nación.
b) Cortes Generales.
c) Tribunal Constitucional.
d) Defensor del Pueblo.

61. La Comisión de Gobierno del Tribunal de Cuentas se integra por el siguiente número de miembros:

a) Nueve.
b) Siete.
c) Cinco.
d) Tres.

62. El nombramiento del Presidente del Tribunal de Cuentas se efectúa a propuesta del/de las:

a) Gobierno de la Nación.
b) Cortes Generales.
c) Ministro de Política Territorial y Función Pública.
d) Pleno del propio Tribunal de Cuentas.

63. Dentro del Tribunal de Cuentas, se organiza en Salas el/la:

a) Pleno.
b) Sección de Enjuiciamiento.
c) Sección de Fiscalización.
d) Comisión de Gobierno.

64. La justicia se administra en nombre del:

a) Juez o Tribunal que la imparta.
b) Pueblo español.
c) Rey.
d) Justiciable.

65. El titular de la Justicia es el/los:

a) Poder Judicial.
b) Rey.
c) Pueblo soberano.
d) Jueces y Tribunales.

66. El artículo 117 de la Constitución no incluye como característica de los Jueces y Magistrados la:

a) Independencia.
b) Responsabilidad.
c) Inamovilidad.
d) Incluye a todas ellas.

67. La ejecución de lo juzgado es competencia genuina de la/los:

a) Juzgados y Tribunales.
b) Consejo General del Poder Judicial.
c) Policía Judicial.
d) Administración Pública.

68. Los supuestos de suspensión o movilidad de los Jueces deben estar establecidos en un/una/la:

a) Ley.
b) Reglamento.
c) Instrucción del Consejo General del Poder Judicial.
d) Constitución.

69. Según la Constitución, el procedimiento en el ámbito de la administración de justicia debe ser:

a) Gratuito siempre.
b) Predominantemente oral.
c) En audiencia pública.
d) Motivado.

70. La colaboración con los Jueces y Tribunales por los particulares es obligatoria:

a) En el proceso.
b) Antes del procesamiento.
c) Solo cuando no exista Policía Judicial.
d) En todo caso.

71. Los Jueces y Tribunales deben elevar al Tribunal Constitucional:

a) La cuestión de inconstitucionalidad.
b) El recurso de inconstitucionalidad.
c) La inconstitucionalidad de las normas reglamentarias.
d) Todo lo anterior.

72. Por funcionamiento anormal de la Administración de Justicia debe responder el/la:

a) Propia Administración.
b) Ministerio de Justicia solamente.
c) Estado.
d) Nadie.

73. La cúspide de la jurisdicción en España la ostenta el:

a) Consejo General del Poder Judicial.
b) Ministerio Fiscal.
c) Tribunal Constitucional.
d) Tribunal Supremo.

74. La misión de velar por la independencia de los Tribunales y procurar ante estos la satisfacción del interés social es propia del/de los:

a) Poder Judicial.
b) Consejo General del Poder Judicial.
c) Ministerio Fiscal.
d) Jueces y Tribunales.

75. El jurado no intervendrá en procesos:

a) De ningún tipo.
b) Penales.
c) Residenciados en Audiencias Provinciales.
d) Civiles.

76. El Jurado en los Tribunales consuetudinarios:

a) No existe.
b) Existe.
c) Ejerce la acción popular.
d) Se integra por Jueces y Magistrados.

77. La función del Jurado es:

a) Obligatoria y gratuita.
b) Incompatible en todo caso.
c) Remunerada y voluntaria.
d) Ninguna de las respuestas anteriores es correcta.

78. La existencia del Jurado en los Tribunales Superiores de Justicia:

a) Es posible.
b) No se va a dar.
c) Es su única sede.
d) Se admite en toda materia.

79. Un Policía Local actuará como Policía Judicial:

a) En todo caso.
b) Nunca.
c) Cuando se le requiera al efecto.
d) Previa autorización de su Alcalde.

80. La afiliación sindical de Jueces y Magistrados está:

a) Prohibida.
b) Permitida.
c) Legalizada.
d) Admitida, si media consentimiento del Consejo General del Poder Judicial.

81. A efectos judiciales no se constituye como división del Estado el/la:

a) Comunidad Autónoma.
b) Municipio.
c) Partido Judicial.
d) Lo son todos ellos.

82. El Partido Judicial se integra por:

a) Uno o más Municipios.
b) Un solo Municipio o Provincia.
c) Una o más Provincias.
d) Una Comunidad Autónoma.

83. No existe Tribunal Militar Territorial en:

a) Sevilla.
b) La Coruña.

c) Las Palmas.
d) Barcelona.

84. Tampoco existe Tribunal Militar Territorial en:

a) Sevilla.
b) Baleares.
c) Madrid.
d) Santa Cruz de Tenerife.

85. El segundo escalón de la Jurisdicción Militar lo constituye el/la/los:

a) Tribunal Militar Central.
b) Tribunales Militares Territoriales.
c) Juzgados Togados Militares.
d) Sala de lo Militar del Tribunal Supremo.

86. El órgano judicial que se establece a nivel de partidos judiciales es el Juzgado de:

a) Primera Instancia e Instrucción.
b) Lo Penal.
c) Paz.
d) Menores.

87. La instrucción de los sumarios de los que conoce la Sala de lo Penal de la Audiencia Nacional corresponde a la/los:

a) Propia Audiencia Nacional.
b) Juzgados Centrales de Instrucción.
c) Juzgados de lo Penal.
d) Juzgados de Instrucción.

88. Con carácter general, los Juzgados de lo Mercantil existirán:

a) En cada provincia.
b) Con sede en la capital de la provincia.
c) En número de uno o varios.
d) Todo lo anterior es cierto.

89. Como regla general, los Juzgados de lo Contencioso-Administrativo existirán en el siguiente ámbito territorial:

a) Comarcal.
b) Provincial.
c) Municipal.
d) De Comunidad Autónoma.

90. En la Audiencia Nacional no existe Sala de lo:

a) Penal.
b) Contencioso-Administrativo.
c) Civil.
d) Social.

91. La jurisdicción del Tribunal Supremo abarca a:

a) Todas las materias.
b) Las actividades de las Cortes Generales.
c) Todo el territorio nacional.
d) Las cuestiones constitucionales.

92. La Sala de lo Militar en el Tribunal Supremo es la:

a) Sexta.
b) Quinta.
c) Cuarta.
d) No existe como tal.

93. En el Tribunal Supremo, la Sala Cuarta se dedica a lo:

a) Penal.
b) Contencioso-Administrativo.
c) Militar.
d) Social.

94. Con su Presidente, integran el Consejo General del Poder Judicial los siguientes miembros:

a) Doce.
b) Veintiuno.
c) Veinte.
d) Trece.

95. Actualmente, el Congreso de los Diputados propone los siguientes miembros del Consejo General del Poder Judicial:

a) Cuatro.
b) Doce.
c) Diez.
d) Seis.

96. En materia de modificación de plantillas orgánicas de Jueces y Magistrados, el Consejo General del Poder Judicial:

a) Decide.
b) Informa posteriormente.
c) Informa previamente.
d) Propone en todo caso.

97. Los veinte Vocales del Consejo General del Poder Judicial serán designados por:

a) Las Cortes Generales.
b) El Gobierno de la Nación.
c) Las respuestas a) y b) son correctas.
d) El Tribunal Constitucional, en parte.

98. No es órgano del Consejo General del Poder Judicial las/el/la:

a) Pleno.
b) Secciones.
c) Comisión de Asuntos Económicos.
d) Comisión Permanente.

99. El Vicepresidente en el Consejo General del Poder Judicial:

a) Es un cargo facultativo.
b) Existe siempre.
c) Se elige por la Comisión Permanente.
d) No existe como tal órgano.

100. Los miembros del Ministerio Fiscal se integran en:

a) Un Cuerpo único.
b) Una estructura no jerarquizada.
c) Una sola categoría.
d) Categorías independientes.

Solución al test n.º 3

1. c) 5 años.

2. b) El Rey.

3. d) Por ley orgánica.

4. a) Las Cortes Generales.

5. c) Nombrar y relevar a los miembros civiles y militares de la Casa Real.

6. a) Al Rey.

7. b) De las Cortes Generales.

8. b) No está sometido a mandato imperativo.

9. d) Será excluido en la sucesión de la corona.

10. d) Por mandato constitucional y en nombre del Rey.

11. c) Ordinarias, Extraordinarias y Conjuntas.

12. a) Por la mayoría de los miembros presentes.

13. b) Dentro de los 25 días siguientes.

14. d) La Sala de lo Penal del Tribunal Supremo.

15. d) El Presidente de la Cámara respectiva.

16. a) 1.

17. b) El Rey.

18. d) De las Cortes Generales.

19. c) Por el Presidente del Congreso.

20. c) Tres años.

21. a) Sufragio universal, libre, igual, directo y secreto.

22. d) Que así lo autorice su respectiva Cámara.

23. a) El Pleno del Tribunal de Cuentas estará integrado por once Consejeros de Cuentas, uno de los cuales será el Presidente, y el Fiscal.

24. c) De lo Civil.

25. a) De lo Contencioso-Administrativo.

26. d) Veinte.

27. a) La Comisión de Calificación..

28. c) Al Consejo General del Poder Judicial.

29. d) Febrero a junio.

30. c) Son electores y elegibles todos los españoles que estén en pleno uso de sus derechos políticos.

31. d) Está limitada.

32. a) Cualquier persona nombrada por las Cortes, en su caso.

33. c) Al acceder a Rey su padre, si no tiene hermano varón.

34. d) Las respuestas b) y c) son correctas.

35. c) Gobierno de la Nación.

36. a) Su irresponsabilidad política.

37. d) Nada de lo anterior es cierto.

38. c) Se nombraría Princesa heredera a su hermana mayor, si la hubiere.

39. b) Ha de efectuarse a petición del Presidente del Gobierno de la Nación.

40. a) Cortes Generales.

41. b) Proveerá a la sucesión en la Corona por las Cortes Generales.

42. c) Cortes Generales.

43. b) Cortes Generales.

44. b) 300.

45. d) Ministro.

46. c) Uno.

47. c) Congreso de los Diputados.

48. c) Presidente de la Cámara.

49. d) No se establece.

50. c) Mesa de cada Cámara.

51. c) En diciembre.

52. c) Orgánica.

53. c) Cortes Generales.

54. a) Plenos del Congreso de los Diputados y el Senado:

55. c) La ostenta en cuanto a los actos que realice en el ejercicio de sus competencias como tal.

56. c) No está obligado a darle trámite.

57. d) En papel común.

58. c) Ha de ser preferente y urgente.

59. b) Jueces.

60. b) Cortes Generales.

61. d) Tres.

62. d) Pleno del propio Tribunal de Cuentas.

63. b) Sección de Enjuiciamiento.

64. c) Rey.

65. c) Pueblo soberano.

66. d) Incluye a todas ellas.

67. a) Juzgados y Tribunales.

68. a) Ley.

69. b) Predominantemente oral.

70. a) En el proceso.

71. a) La cuestión de inconstitucionalidad.

72. c) Estado.

73. d) Tribunal Supremo.

74. c) Ministerio Fiscal.

75. d) Civiles.

76. a) No existe.

77. d) Ninguna de las respuestas anteriores es correcta.

78. a) Es posible.

79. c) Cuando se le requiera al efecto.

80. a) Prohibida.

81. d) Lo son todos ellos.

82. a) Uno o más Municipios.

83. c) Las Palmas.

84. b) Baleares.

85. a) Tribunal Militar Central.

86. a) Primera Instancia e Instrucción.

87. b) Juzgados Centrales de Instrucción.

88. d) Todo lo anterior es cierto.

89. b) Provincial.

90. c) Civil.

91. c) Todo el territorio nacional.

92. b) Quinta.

93. d) Social.

94. b) Veintiuno.

95. c) Diez.

96. c) Informa previamente.

97. a) Las Cortes Generales.

98. b) Secciones.

99. d) No existe como tal órgano.

100. a) Un Cuerpo único.

TEST N.º 4

**La organización territorial del Estado en la Constitución.
Los estatutos de autonomía: su significación**

1. Según la Constitución, las Entidades que forman parte de la organización territorial del Estado tienen la nota común de:

a) Autogobierno.
b) Independencia.
c) Autonomía.
d) Financiación propia.

2. La titularidad de la soberanía española radica en el/las:

a) Cortes Generales como representantes del pueblo español.
b) Rey como Jefe del Estado.
c) Pueblo mismo.
d) Nacionalidades y regiones que integran España.

3. No pueden constituirse en Comunidades Autónomas los territorios:

a) Que no estén integrados en la organización provincial.
b) Que, no siendo superiores a una Provincia, tengan entidad regional histórica.
c) Que, no siendo superiores a una Provincia, no tengan entidad regional histórica.
d) Interinsulares.

4. La vía ordinaria de acceso a la autonomía por el artículo 143 de la Constitución se sigue por los/las:

a) Provincias con entidad regional histórica.
b) Territorios que en el pasado hubieren plebiscitado afirmativamente proyecto de Estatuto de Autonomía.
c) Provincia sin entidad regional histórica directamente.
d) Supuestos especiales de Ceuta, Melilla y Gibraltar.

5. Entre las determinaciones de los Estatutos de Autonomía no es necesario incluir la:

a) Delimitación de su territorio.
b) Denominación de las instituciones autónomas propias.
c) Denominación de la Comunidad.
d) Denominación, organización y sede de sus instituciones administrativas.

6. En las Comunidades Autónomas que siguen la vía común, el Proyecto de Estatuto será elaborado por la/los:

a) Asamblea de Parlamentarios que se constituye al efecto.
b) Comisión Constitucional del Congreso de los Diputados.
c) Diputación Provincial correspondiente.
d) Miembros de la Diputación u órgano interinsular y por los Diputados y Senadores elegidos por ellas.

7. El voto de ratificación por los Plenos del Senado y del Congreso de los Diputados se dará en el/las:

a) Comunidades Autónomas que siguen la vía común.
b) Comunidades Autónomas que siguen la vía especial.
c) Acceso a la autonomía de Ceuta y Melilla.
d) Acceso a la autonomía de Gibraltar.

8. La responsabilidad política del Presidente de una Comunidad Autónoma se exige por el/la:

a) Sala de lo Penal del Tribunal Supremo.
b) Congreso de los Diputados.
c) Tribunal Superior de Justicia de la Comunidad Autónoma.
d) Asamblea Legislativa de la Comunidad Autónoma.

9. La Asamblea Legislativa de las Comunidades Autónomas se elige:

a) Con criterios de representación territorial.
b) Con criterios de representación proporcional.
c) Por sufragio individual.
d) Con criterios de representación provincial.

10. Con el fin de corregir los desequilibrios económicos interterritoriales y hacer efectivo el principio de solidaridad, se constituye:

a) El Fondo de Compensación Interterritorial.
b) El Comité Económico Interterritorial.

c) El Consejo de Política Fiscal y Financiera.
d) El FASI.

11. Los Estatutos de Autonomía deberán contener el/la/las:

a) Competencias que se dejan al Estado y las que asume la Comunidad.
b) Competencias que, en función de la Constitución, asume cada Comunidad Autónoma.
c) Desarrollo de la Administración Autonómica.
d) División provincial y órganos de gobierno.

12. En la reforma de los Estatutos intervienen las Cortes Generales:

a) Siempre.
b) Nunca.
c) Solo cuanto se trata de Comunidades Autónomas que accedieron por la vía común.
d) En las Comunidades Autónomas de vía especial exclusivamente.

13. Los miembros de las Diputaciones u órganos interinsulares intervienen en la elaboración de los Estatutos de Autonomía:

a) En todo caso.
b) Nunca.
c) En las Comunidades Autónomas de vía común.
d) En las Comunidades Autónomas de vía especial.

14. Los Estatutos de Autonomía en la vía común se aprueban por el:

a) Congreso de los Diputados mediante ley orgánica.
b) Congreso de los Diputados y Senado por ley orgánica.
c) Congreso de los Diputados y Senado por ley ordinaria.
d) Parlamento Autonómico solamente.

15. La más alta representación de una Comunidad Autónoma la ostenta el:

a) Presidente del Parlamento Autonómico.
b) Presidente de la Comunidad Autónoma.
c) Rey.
d) Presidente del Gobierno de la Nación.

16. La asunción de competencias y de mayor autonomía por las Comunidades Autónomas es, como regla general:

a) Regresiva.
b) Progresiva.
c) Automática.
d) Inmediata.

17. En la elaboración por la vía común de los Estatutos de Autonomía:

a) No intervienen los Municipios afectados.
b) Intervendrán en todo caso.
c) Solo intervienen las Diputaciones Provinciales u órganos interinsulares.
d) Solo intervienen los Municipios y los Diputados y Senadores.

18. El principio de solidaridad consagrado por el artículo 138 de la Constitución exige una atención especial a:

a) Las Comunidades Autónomas de economía más deprimida.
b) Las Entidades de ámbito territorial inferior al municipal.
c) Todas las partes del territorio nacional.
d) Las Islas.

19. La federación de Comunidades Autónomas, según la Constitución:

a) Solo se permite respecto de las limítrofes.
b) Requiere Ley Orgánica de las Cortes Generales.
c) Ha de efectuarse previa reforma de la propia Constitución.
d) Está absolutamente prohibida.

20. De las siguientes materias, ¿cuáles no son competencia exclusiva del Estado?

a) Legislación sobre propiedad intelectual e industrial.
b) Fomento y coordinación general de la investigación científica y técnica.
c) Los montes y aprovechamientos forestales.
d) Defensa y Fuerzas Armadas.

Solución al test n.º 4

1. c) Autonomía.

2. c) Pueblo mismo.

3. d) Interinsulares.

4. a) Provincias con entidad regional histórica.

5. d) Denominación, organización y sede de sus instituciones administrativas.

6. d) Miembros de la Diputación u órgano interinsular y por los Diputados y Senadores elegidos por ellas.

7. b) Comunidades Autónomas que siguen la vía especial.

8. d) Asamblea Legislativa de la Comunidad Autónoma.

9. b) Con criterios de representación proporcional.

10. a) El Fondo de Compensación Interterritorial.

11. b) Competencias que, en función de la Constitución, asume cada Comunidad Autónoma.

12. a) Siempre.

13. c) En las Comunidades Autónomas de vía común.

14. b) Congreso de los Diputados y Senado por ley orgánica.

15. b) Presidente de la Comunidad Autónoma.

16. b) Progresiva.

17. a) No intervienen los Municipios afectados.

18. d) Las Islas.

19. d) Está absolutamente prohibida.

20. c) Los montes y aprovechamientos forestales.

TEST N.º 5

El Estatuto de autonomía de las Islas Baleares: principios generales, competencias e instituciones

1. El día de las Illes Balears se celebra el:

a) El 1 de marzo.
b) El 2 de mayo.
c) El 30 de mayo.
d) El 9 de junio.

2. Según el artículo 12 del Estatuto de Autonomía, la Comunidad Autónoma de las Illes Balears fundamenta el derecho al autogobierno en los valores del respeto a la dignidad humana, la libertad, la igualdad, la justicia, la paz y:

a) Los derechos humanos.
b) El bienestar social.
c) El pluralismo político.
d) La legalidad.

3. Según el artículo 17 del Estatuto de Autonomía de la Comunidad Autónoma de las Illes Balears, todas las mujeres y hombres tienen derecho al libre desarrollo de su personalidad y capacidad personal, y a vivir con dignidad, seguridad y:

a) Libertad.
b) Autonomía.
c) Independencia.
d) Bienestar.

4. ¿Qué artículo del Estatuto de Autonomía de la Comunidad Autónoma de las Illes Balears (Ley Orgánica 1/2007, de 28 de febrero) reconoce el derecho de acceso a una vivienda digna de los ciudadanos de las Illes Balears?

a) Artículo 15.
b) Artículo 18.

c) Artículo 20.
d) Artículo 22.

5. Según el artículo 28 del Estatuto de Autonomía de la Comunidad Autónoma de las Illes Balears, en relación con sus datos personales que figuren en los ficheros de titularidad de las Administraciones Públicas de la Comunidad Autónoma y de los entes u organismos de cualquier clase vinculados o dependientes de las mismas, todas las personas tienen derecho al acceso, la protección, la corrección y:

a) Caducidad.
b) Seguridad.
c) Omisión.
d) Cancelación.

6. Los miembros del Consejo Audiovisual de las Illes Balears son nombrados por el Parlamento de las Illes Balears mediante el voto favorable de:

a) La mayoría simple de sus miembros.
b) La mayoría absoluta de sus miembros.
c) Las tres quintas partes de sus miembros.
d) Los dos tercios de sus miembros.

7. ¿Quién nombra al Presidente del Tribunal Superior de Justicia de las Illes Balears?

a) El Rey, a propuesta del Consejo General del Poder Judicial.
b) El Presidente del Gobierno, a propuesta del Consejo General del Poder Judicial.
c) El Rey, a propuesta del Gobierno de la Nación.
d) El Presidente del Consejo de Gobierno, a propuesta del Consejero competente en materia de justicia.

8. Uno de los principios en que se fundamenta la financiación de la Comunidad Autónoma de las Illes Balears, es, según el artículo 120.2 del Estatuto de Autonomía, el de prudencia financiera y:

a) Economía social.
b) Transparencia.
c) Austeridad.
d) Responsabilidad solidaria.

9. La Comunidad Autónoma de las Illes Balears tiene la competencia exclusiva sobre la siguiente materia:

a) Contratos y concesiones administrativas en el ámbito sustantivo de competencias de la Comunidad Autónoma.
b) Régimen local.

c) Formación profesional continua.
d) Protección de menores.

10. La Comunidad Autónoma de las Illes Balears tiene la competencia exclusiva sobre la siguiente materia:

a) Pesca marítima en las aguas de las Illes Balears.
b) Régimen jurídico y sistema de responsabilidad de la Administración de la Comunidad Autónoma.
c) Ordenación del sector pesquero.
d) La gestión del dominio público marítimo-terrestre.

11. Corresponde a la Comunidad Autónoma de las Illes Balears, en los términos que se establezcan en las leyes y normas reglamentarias que, en desarrollo de su legislación, dicte el Estado, la función ejecutiva en materia de:

a) Régimen minero y energético.
b) Propiedad industrial.
c) Protección civil. Emergencias.
d) Estatuto de los funcionarios de la Administración de la Comunidad Autónoma y de la administración local.

12. La iniciativa de reforma del Estatuto de Autonomía por parte del Parlamento Balear precisa ser propuesta por al menos:

a) Una quinta parte de los Diputados.
b) Una cuarta parte de los Diputados.
c) Un tercio de los Diputados.
d) Dos tercios de los Diputados.

13. Está facultado para iniciar la reforma del Estatuto de Autonomía de la Comunidad Autónoma de las Illes Balears:

a) El Presidente del Gobierno.
b) Las Cortes Generales.
c) El Senado.
d) El Tribunal Constitucional.

14. ¿Por cuántos Diputados se integra el Parlamento de las Illes Balears?

a) Por 59.
b) Por 64.
c) Por 80
d) Por 95.

15. El Parlamento de las Illes Balears se constituirá en el plazo máximo, después de la celebración de las elecciones, de:

a) 15 días.
b) 20 días.
c) 30 días.
d) 45 días.

16. En relación con las incompatibilidades al cargo de Diputado del Parlamento de las Illes Balears, es cierto que:

a) Todas las causas de inelegibilidad lo son también de incompatibilidad.
b) Podrá acumularse el acta de la Asamblea de la Comunidad Autónoma con la de Diputado al Congreso.
c) El cargo de Senador es totalmente compatible con el de Diputado del Parlamento de las Illes Balears.
d) Los parlamentarios europeos podrán compatibilizar su cargo con el de Diputado del Parlamento de las Illes Balears.

17. La iniciativa legislativa popular se ejercerá mediante proposiciones de ley suscritas, al menos, por un número de ciudadanos mayores de edad inscritos en el Centro Electoral y con vecindad administrativa en cualquiera de los municipios de las islas Baleares, de:

a) 5.000 firmas.
b) 10.000 firmas.
c) 15.000 firmas.
d) 25.000 firmas.

18. La iniciativa legislativa popular podrá versar sobre:

a) Las instituciones de la Comunidad Autónoma, los Consejos Insulares y los municipios.
b) La denominación, territorio, idiomas y símbolos de la Comunidad Autónoma de las Islas Baleares.
c) El régimen electoral.
d) Salud y sanidad.

19. El Consejo de Gobierno podrá dictar medidas legislativas provisionales en forma de Decretos leyes que podrán afectar:

a) A las materias objeto de leyes de desarrollo básico del Estatuto de Autonomía.
b) A los presupuestos generales de la Comunidad Autónoma.
c) Al régimen estatutario de los funcionarios de la Administración de la Comunidad Autónoma.
d) Al ordenamiento de las instituciones básicas de la Comunidad Autónoma de las Illes Balears.

20. Los Decretos leyes quedarán derogados si no son convalidados expresamente por el Parlamento después de un debate y una votación de totalidad, en el plazo improrrogable de:

a) 15 días subsiguientes a su promulgación.
b) 30 días subsiguientes a su promulgación.
c) 3 meses subsiguientes a su promulgación.
d) 6 meses subsiguientes a su promulgación.

21. La aprobación y la reforma del Reglamento del Parlamento de las Illes Balears requerirán:

a) La mayoría simple de los componentes del Parlamento.
b) La mayoría absoluta de los componentes del Parlamento.
c) El voto favorable de dos tercios de sus miembros.
d) El voto favorable de tres quintos de sus miembros.

22. El Síndic de Greuges será elegido por el Parlamento de las Illes Balears, por:

a) Mayoría simple de los Diputados.
b) Mayoría absoluta de los Diputados.
c) Los dos tercios de los Diputados.
d) Los tres quintos de los Diputados.

23. El Consejo Consultivo de las Illes Balears está integrado como máximo por:

a) 3 juristas de reconocido prestigio.
b) 5 juristas de reconocido prestigio.
c) 8 juristas de reconocido prestigio.
d) 10 juristas de reconocido prestigio.

24. Las consultas al Consejo Consultivo de las Illes Balears por proyectos y proposiciones de reforma del Estatuto de Autonomía, serán resueltos por aquel en un plazo máximo de:

a) 15 días hábiles desde la recepción de la correspondiente solicitud del dictamen.
b) Un mes desde la recepción de la correspondiente solicitud del dictamen.
c) 30 días hábiles desde la recepción de la correspondiente solicitud del dictamen.
d) Dos meses desde la recepción de la correspondiente solicitud del dictamen.

25. El cargo de Presidente de las Illes Balears es incompatible con el ejercicio de la siguiente actividad:

a) El desarrollo de las funciones propias de la condición de parlamentario.
b) Las actividades correspondientes a la administración del patrimonio personal y familiar.
c) El ejercicio de cargos representativos, sin remuneración, en un partido político.
d) Militar profesional en activo.

26. ¿En cuál de las siguientes causas de cese, el Presidente de las Illes Balears no continúa en el ejercicio del cargo hasta que su sucesor tome posesión?

a) La elección de nuevo Presidente después de elecciones autonómicas.
b) La denegación de la cuestión de confianza.
c) La dimisión comunicada por escrito al Presidente del Parlamento.
d) La pérdida de la condición de Diputado del Parlamento.

27. En caso de defunción del Presidente de las Illes Balears, el Presidente del Parlamento, para la elección de un nuevo Presidente, reunirá la Cámara en un plazo máximo de:

a) 15 días.
b) 1 mes.
c) 40 días.
d) 2 meses.

28. El Presidente de las Illes Balears, como representante ordinario del Estado en la Comunidad Autónoma, promulgará en nombre del Rey las Leyes y los Decretos Legislativos y ordenará su publicación en el «Butlletí Oficial de les Illes Balears» y en el «Boletín Oficial del Estado», en el plazo, a contar desde el día en que hayan sido aprobados, de:

a) 7 días.
b) 10 días.
c) 15 días.
d) 20 días.

29. El Presidente de las Illes Balears podrá delegar en el Vicepresidente, en su caso, o en un Consejero, la función de:

a) Resolver los conflictos de atribuciones entre las Consejerías.
b) Convocar las reuniones del Consejo de Gobierno, fijar su orden del día, presidirlas, suspenderlas y levantar sus sesiones, y dirigir los debates y las deliberaciones que en ellas se produzcan.
c) Firmar los Decretos aprobados por el Gobierno y ordenar su publicación en el «Butlletí Oficial de les Illes Balears».
d) Someter a deliberación y a acuerdo del Consejo de Gobierno la interposición del recurso de inconstitucionalidad, así como el planteamiento de conflictos de competencias ante el Tribunal Constitucional.

30. La moción de censura al Presidente de las Illes Balears debe ser propuesta por al menos:

a) Un 10 % de los Diputados.
b) Un 15 % de los Diputados.
c) Un 25 % de los Diputados.
d) Un 30 % de los Diputados.

Solución al test n.º 5

1. a) El 1 de marzo.

2. a) Los derechos humanos.

3. b) Autonomía.

4. d) Artículo 22.

5. d) Cancelación.

6. c) Las tres quintas partes de sus miembros.

7. a) El Rey, a propuesta del Consejo General del Poder Judicial.

8. c) Austeridad.

9. d) Protección de menores.

10. a) Pesca marítima en las aguas de las Illes Balears.

11. b) Propiedad industrial.

12. a) Una quinta parte de los Diputados.

13. b) Las Cortes Generales.

14. a) Por 59.

15. c) 30 días.

16. a) Todas las causas de inelegibilidad lo son también de incompatibilidad.

17. b) 10.000 firmas.

18. d) Salud y sanidad.

19. c) Al régimen estatutario de los funcionarios de la Administración de la Comunidad Autónoma.

20. b) 30 días subsiguientes a su promulgación.

21. b) La mayoría absoluta de los componentes del Parlamento.

22. d) Los tres quintos de los Diputados.

23. d) 10 juristas de reconocido prestigio.

24. c) 30 días hábiles desde la recepción de la correspondiente solicitud del dictamen.

25. d) Militar profesional en activo.

26. d) La pérdida de la condición de Diputado del Parlamento.

27. d) 2 meses.

28. c) 15 días.

29. a) Resolver los conflictos de atribuciones entre las Consejerías.

30. b) Un 15 % de los Diputados.

TEST N.º 6

**El régimen local español en la Constitución.
La ley 7/1985, de 2 de abril, reguladora de las bases del régimen
local: disposiciones generales. La autonomía local**

1. Según la Constitución Española de 1978, ¿se podrían crear agrupaciones de municipios diferentes a la provincia?

a) Sí, tal y como viene descrito en el artículo 141.1.
b) Sí, tal y como viene descrito en el artículo 141.3.
c) Sí, tal y como viene descrito en el artículo 141.4.
d) No, en ningún caso.

2. ¿Cuáles son las Entidades Locales integradas por los Municipios de grandes aglomeraciones urbanas entre cuyos núcleos de población existen vinculaciones económicas y sociales que hacen necesaria la planificación conjunta y la coordinación de determinados servicios y obras?

a) Las Áreas Metropolitanas.
b) Las Comarcas.
c) Las Mancomunidades de Municipios.
d) Las Provincias.

3. Señala una de las características de la Administración Local:

a) A diferencia de la Administración Periférica del Estado, la Local está integrada por Entes, no por órganos, es decir, por sujetos de Derecho con personalidad jurídica propia.
b) La Administración Local forma parte de la Administración Pública, por lo que los Entes que en ella se comprenden están investidos de las prerrogativas y potestades propias de aquella, si bien tales prerrogativas y potestades no les corresponden con carácter originario, sino derivado.
c) Los Entes Públicos menores que se encuadran en la Administración Local tienen, a diferencia de los Entes Institucionales, carácter territorial.
d) Todas son correctas.

4. La Constitución garantiza a los municipios, según indica el artículo 140 de la Constitución:

a) El ejercicio de sus competencias.
b) Su autonomía.
c) Su suficiencia.
d) Todos los elementos anteriores quedan garantizados constitucionalmente a dichas entidades territoriales.

5. La Carta Europea de Autonomía local, respecto de Las competencias encomendadas a las Entidades locales, entiende que:

a) Deben ser normalmente plenas y completas.
b) Deben ser compartidas y completas.
c) Deben ser plenas y parciales.
d) Ninguna es correcta.

6. ¿Qué parte de la Constitución Española trata la Administración Local?

a) En el Capítulo II del Título VIII.
b) En el Capítulo I del Título VIII.
c) En el Capítulo II del Título VII.
d) En el Capítulo III del Título VIII.

7. El municipio y la provincia:

a) Tienen personalidad jurídica y plena capacidad para el cumplimiento de sus fines.
b) No tienen personalidad jurídica, pero sí capacidad para el cumplimiento de sus fines.
c) Tienen personalidad jurídica y necesitan supervisión de la autorizada autonómica para el cumplimiento de sus fines.
d) Se regulan exclusivamente en la Ley de Bases del Régimen Local.

8. Según el artículo 142 de la CE, las Haciendas Locales se nutrirán:

a) Exclusivamente de tributos propios y de participación en los del Estado.
b) Únicamente de tributos propios.
c) Exclusivamente de tributos propios y de participación en los del Estado y de las CCAA.
d) Fundamentalmente de tributos propios y de participación en los del Estado y de las CCAA.

9. Las potestades reconocidas a las Entidades Locales básicas (Municipios, Provincias e Islas) se les confieren:

a) Dentro de la esfera de sus competencias.
b) En calidad de Administraciones Públicas de carácter territorial.

c) Con carácter delegado.
d) Las respuestas a y b son correctas.

10. Respecto de las Comarcas y Áreas Metropolitanas, el reconocimiento de las potestades atribuidas a los Municipios, Provincias e Islas:

a) Se atribuye a las Leyes de las Comunidades Autónomas.
b) Está prohibido.
c) Ha de conferirse por Decreto del Consejo de Gobierno de la correspondiente Comunidad Autónoma.
d) Se realiza por el Ministerio de Administraciones Públicas.

11. Entre las potestades atribuidas a los Municipios, Provincias e Islas se encuentra la de:

a) Planificación.
b) Expropiación Forzosa.
c) Creación de tributos.
d) Las respuestas a y b son ciertas.

12. Junto a la potestad tributaria, el art. 4 de la Ley de Régimen Local reconoce explícitamente a los Municipios, Provincias e Islas la potestad:

a) De programación.
b) De planificación.
c) Financiera.
d) De autoorganización.

13. Respecto de las Mancomunidades, las potestades reconocidas a Municipios, Provincias e Islas:

a) Han de venir recogidas en sus Estatutos.
b) No se les reconocen
c) Tendrán todas, en defecto de previsión estatutaria, siempre que sean precisas para el cumplimiento de su finalidad.
d) Las respuestas a y c son ciertas.

14. Entre los principios de actuación de las Entidades Locales recogidos en el art. 6 de la Ley de Régimen Local no se encuentra el de:

a) Eficacia.
b) Jerarquía.
c) Coordinación.
d) Están todos ellos.

15. Las competencias propias de las Entidades Locales territoriales se determinan por:

a) Ley.
b) Ordenanzas y Reglamentos.

c) Real Decreto del Consejo de Ministros.

d) Decreto del Consejo de Gobierno de la respectiva Comunidad Autónoma.

16. Cuando se delegan competencias en las Entidades Locales, en su ejercicio, el art. 7 de la Ley de Régimen Local, prevé la existencia de un control de:

a) Constitucionalidad.

b) Legalidad.

c) Oportunidad.

d) Carácter financiero.

17. Si una ley estatal o autonómica lesiona la autonomía local, los entes locales podrán:

a) Interponer ante el Tribunal Supremo un recurso de inconstitucionalidad.

b) Interponer ante el Tribunal Constitucional un recurso de amparo.

c) Acudir al Tribunal Constitucional a través del denominado conflicto en defensa de la autonomía local.

d) Plantear una cuestión de inconstitucionalidad.

18. Según la CE, el gobierno y administración de los municipios corresponde a:

a) El Pleno de los Ayuntamientos.

b) El Pleno, la Junta de Gobierno Local y el Alcalde.

c) Los Ayuntamientos, integrados por los Alcaldes y los Concejales.

d) Los vecinos.

19. El artículo 141 de la CE define la provincia como:

a) Entidad Local con personalidad jurídica propia, determinada por la agrupación de municipios y división territorial para el cumplimiento de sus fines. Cualquier alteración de los límites provinciales habrá de ser aprobada mediante Ley.

b) Entidad Local con personalidad jurídica propia, determinada por la agrupación de municipios y división territorial para el cumplimiento de las actividades del Estado. Cualquier alteración de los límites provinciales habrá de ser aprobada mediante Ley orgánica.

c) Entidad Local con personalidad jurídica propia, determinada por la agrupación de municipios y división territorial para el cumplimiento de las actividades del Estado y de las CCAA. Cualquier alteración de los límites provinciales habrá de ser aprobada mediante Ley orgánica.

d) Ninguna es correcta.

20. El Capítulo II del Título VIII de la Constitución lleva por rúbrica:

a) Principios Generales.

b) De la Administración Local.

c) De la organización territorial.

d) Las Comunidades Autónomas.

21. De acuerdo con la Constitución española:

a) La Ley orgánica regulará las condiciones en las que proceda el régimen de concejo abierto.

b) El Gobierno regulará las condiciones en las que proceda el régimen de concejo abierto.

c) La Ley regulará las condiciones en las que proceda el régimen de concejo abierto.

d) Ninguna es correcta.

22. De acuerdo con la Constitución Española:

a) Se podrán crear agrupaciones de municipios diferentes de la provincia.

b) No se podrán crear agrupaciones de municipios diferentes de la provincia.

c) En los archipiélagos, las islas tendrán además su administración propia en forma de Cabildos o Concejos.

d) Todas son correctas.

23. Admitido a trámite el conflicto en garantía de la autonomía local, de acuerdo con la Ley Orgánica del Tribunal Constitucional en el término de diez días, el Tribunal dará traslado del mismo a:

a) Sólo a los órganos legislativo y ejecutivo de la CCAA de quien hubiese emanado la ley.

b) A los órganos legislativo y ejecutivo de la CCAA de quien hubiese emanado la ley, y en todo caso a los órganos legislativo y ejecutivo del Estado.

c) A los órganos legislativo y ejecutivo de la CCAA o, en su caso, del Estado según de quien hubiese emanado la ley.

d) Ninguna es correcta.

24. En relación con La Carta Europea de Autonomía Local, no es correcto:

a) Que sea plenamente aplicable con rango de ley.

b) Que el sistema de elección directa del art. 3.2 se hace extensivo a los gobiernos de las provincias.

c) Que las disposiciones de la Carta prevalecen sobre las normas nacionales.

d) Que en España entró en vigor el 1 de marzo de 1989.

25. Aun existiendo la garantía constitucional de la autonomía local, no existe en nuestro ordenamiento jurídico una acción judicial directa frente a las normas estatales o autonómicas que la vulneren:

a) Verdadero, no existe en nuestro ordenamiento jurídico.

b) Falso, la Ley Orgánica del Tribunal Constitucional prevé sendos procedimientos específicos para impugnarlas.

c) Falso, aunque sólo pueden interponer la acción judicial los Ayuntamientos.
d) Falso, aunque sólo pueden interponer la acción judicial las Diputaciones Provinciales.

26. En virtud de la Carta Europea de Autonomía Local, por autonomía local se entiende:

a) El derecho y la potestad efectiva de las Entidades locales de ordenar y gestionar una parte importante de los asuntos públicos, en el marco de la Ley, bajo su propia responsabilidad y en beneficio de las personas que integran su respectiva comunidad.
b) El derecho y la capacidad efectiva de las Entidades locales de ordenar y gestionar una parte importante de los asuntos públicos, en el marco de la Ley, bajo su propia responsabilidad y en beneficio de las personas que integran su respectiva comunidad.
c) El derecho y la potestad efectiva de las Entidades locales de ordenar y gestionar una parte importante de los asuntos públicos, en el marco de la Ley, bajo su propia responsabilidad y en beneficio de sus habitantes.
d) El derecho y la capacidad efectiva de las Entidades locales de ordenar y gestionar una parte importante de los asuntos públicos, en el marco de la Ley, bajo su propia responsabilidad y en beneficio de sus habitantes.

27. La autonomía de las Entidades Locales, a diferencia de la reconocida a las Comunidades Autónomas, es:

a) De carácter político.
b) De mera ejecución de competencias.
c) Esencialmente administrativa.
d) Las respuestas b) y c) son correctas.

28. Según el artículo 140 de la Constitución:

a) Los Alcaldes serán elegidos por los Concejales.
b) Los Alcaldes serán elegidos por los vecinos.
c) Los Alcaldes serán elegidos por los Concejales o por los vecinos.
d) Los Alcaldes serán elegidos por los vecinos, los Concejales o miembros del concejo abierto.

29. Según indica la Carta Europea de autonomía local, ¿dónde vienen fijadas las competencias básicas de las Entidades Locales?

a) Por la Constitución o por la Ley.
b) Por Ley.
c) Reglamentariamente.
d) En todo caso, en la Constitución.

30. En el archipiélago canario, ¿cómo se denomina la administración?

a) Consejo.
b) Cabildo.
c) Ayuntamiento.
d) Diputación.

31. La alteración de un límite provincial:

a) Ha de ser aprobado por los Parlamentos autonómicos.
b) Ha de ser aprobado por el Congreso de los Diputados.
c) Exige mayoría simple.
d) Ninguna es correcta.

32. ¿Qué entidad tiene personalidad jurídica propia?

a) Todas.
b) Aquellas con autonomía local.
c) Los municipios.
d) La provincia.

33. Son Entidades Locales territoriales:

a) Las Comarcas.
b) Las mancomunidades.
c) Las islas.
d) Todas son correctas.

Solución al test n.º 6

1. b) Sí, tal y como viene descrito en el artículo 141.3.

2. a) Las Áreas Metropolitanas.

3. d) Todas son correctas.

4. b) Su autonomía.

5. a) Deben ser normalmente plenas y completas.

6. a) En el Capítulo II del Título VIII.

7. a) Tienen personalidad jurídica y plena capacidad para el cumplimiento de sus fines.

8. d) Fundamentalmente de tributos propios y de participación en los del Estado y de las CCAA.

9. d) Las respuestas a y b son correctas.

10. a) Se atribuye a las Leyes de las Comunidades Autónomas.

11. d) Las respuestas a y b son ciertas.

12. c) Financiera.

13. d) Las respuestas a y c son ciertas.

14. b) Jerarquía.

15. a) Ley.

16. c) Oportunidad.

17. c) Acudir al Tribunal Constitucional a través del denominado conflicto en defensa de la autonomía local.

18. c) Los Ayuntamientos, integrados por los Alcaldes y los Concejales.

19. b) Entidad Local con personalidad jurídica propia, determinada por la agrupación de municipios y división territorial para el cumplimiento de las actividades del Estado. Cualquier alteración de los límites provinciales habrá de ser aprobada mediante Ley orgánica.

20. b) De la Administración Local.

21. c) La Ley regulará las condiciones en las que proceda el régimen de concejo abierto.

22. a) Se podrán crear agrupaciones de municipios diferentes de la provincia.

23. b) A los órganos legislativo y ejecutivo de la CCAA de quien hubiese emanado la ley, y en todo caso a los órganos legislativo y ejecutivo del Estado.

24. b) Que el sistema de elección directa del art. 3.2 se hace extensivo a los gobiernos de las provincias.

25. b) Falso, la Ley Orgánica del Tribunal Constitucional prevé sendos procedimientos específicos para impugnarlas.

26. d) El derecho y la capacidad efectiva de las Entidades locales de ordenar y gestionar una parte importante de los asuntos públicos, en el marco de la Ley, bajo su propia responsabilidad y en beneficio de sus habitantes.

27. c) Esencialmente administrativa.

28. c) Los Alcaldes serán elegidos por los Concejales o por los vecinos.

29. a) Por la Constitución o por la Ley.

30. b) Cabildo.

31. d) Ninguna es correcta.

32. d) La provincia.

33. c) Las islas.

TEST N.º 7

Ley 7/1985, de 2 de abril, reguladora de las bases del régimen local. El municipio: concepto y elementos. El término municipal. La población: especial referencia al empadronamiento

1. Entre las potestades y prerrogativas que tienen los municipios se encuentran:

a) La tributaria y financiera.
b) De revisión de oficio de sus actos y acuerdos.
c) Expropiatoria.
d) Todas las respuestas son correctas.

2. Los elementos del Municipio son:

a) El territorio, la población y la financiación.
b) El territorio, las instituciones y la organización.
c) La organización, la autonomía y el territorio.
d) La población, la organización y el territorio.

3. Según el Reglamento de Población y Demarcación Territorial de las Entidades Locales el término municipal es:

a) El territorio en que el Ayuntamiento ejerce su jurisdicción.
b) El territorio en que el Ayuntamiento ejerce sus competencias.
c) El territorio en que el Ayuntamiento ejerce su política.
d) Las respuestas b) y c) son correctas.

4. De acuerdo con lo dispuesto en la Ley de Bases de Régimen Local:

a) La creación de nuevos municipios solo podrá realizarse sobre la base de núcleos de población territorialmente diferenciados, de al menos 25.000 habitantes.
b) La creación de nuevos municipios solo podrá realizarse sobre la base de núcleos de población territorialmente diferenciados, de al menos 4.000 habitantes.
c) La creación de nuevos municipios solo podrá realizarse sobre la base de núcleos de población territorialmente diferenciados, de al menos 3.000 habitantes.
d) La creación de nuevos municipios solo podrá realizarse sobre la base de núcleos de población territorialmente diferenciados, de al menos 250.000 habitantes.

5. ¿La alteración de términos municipales podrá suponer la modificación de los límites provinciales?

a) Solo en casos excepcionales.
b) En ningún caso.
c) Cuando concurran los requisitos establecidos en la ley.
d) Sí.

6. En los casos de fusión de municipios:

a) El nuevo municipio se subrogará en todos los derechos y obligaciones de los anteriores municipios.
b) El nuevo municipio resultante de la fusión no podrá segregarse hasta transcurridos cien años.
c) El órgano del gobierno del nuevo municipio resultante estará constituido transitoriamente por la suma de los concejales de los municipios fusionados.
d) Las respuestas a) y c) son correctas.

7. Son derechos y deberes de los vecinos:

a) Contribuir mediante la aportación de sus bienes inmuebles a la realización de las competencias municipales.
b) Exigir la prestación y, en su caso, el establecimiento del correspondiente servicio público, en el supuesto de constituir una competencia municipal propia aunque no sea de carácter obligatorio.
c) Acceder a los aprovechamientos comunales.
d) Ejercer la iniciativa individual en los términos previstos en el art. 70 bis de la Ley de Bases de Régimen Local.

8. La inscripción de los extranjeros en el Padrón municipal:

a) Constituirá prueba de su residencia legal en España.
b) Iniciará el expediente de adquisición de la nacionalidad española.
c) No les atribuirá ningún derecho que no les confiera la legislación vigente.
d) Permitirá obtener un permiso de trabajo.

9. El padrón municipal es:

a) La base de datos donde constan los nombres de los vecinos.
b) El registro administrativo donde solo constan los domicilios de los vecinos.
c) El registro administrativo donde constan los vecinos de un municipio.
d) El registro administrativo donde solo constan los domicilios de los extranjeros del municipio.

10. La inscripción en el Padrón municipal contendrá como obligatorios los siguientes datos:

a) Las matrículas de los vehículos de los vecinos.
b) El número de identificación de los aparatos tecnológicos existentes en cada casa.
c) Los ascendientes que habitan en cada casa.
d) Ninguna de las respuestas es correcta.

11. Quien viva en varios Municipios:

a) Deberá inscribirse únicamente en el Padrón municipal del municipio en el que habite durante más tiempo al año.
b) Deberá inscribirse únicamente en el Padrón municipal del municipio en el que tenga su lugar de trabajo.
c) Deberá inscribirse únicamente en el Padrón municipal del municipio en el que haya nacido.
d) Deberá inscribirse en el Padrón municipal de todos los municipios.

12. ¿Existe Padrón de españoles residentes en el extranjero?

a) Sí.
b) No.
c) Sí, y su formación se realizará por la Administración General del Estado.
d) Solo para aquellos que se encuentren en la Unión Europea.

13. La personalidad jurídica de los Municipios, según la Constitución Española, es:

a) Propia.
b) Plena.
c) Reconocida por el Ente que los crea.
d) Dependiente de su autonomía.

14. Según nuestra Constitución, los Concejales no son elegidos por sufragio:

a) Universal.
b) Igual.
c) Paritario.
d) Libre.

15. La pertenencia de un Municipio a dos Provincias:

a) Se admite excepcionalmente.
b) Ha de estar prevista en norma con rango de ley.
c) Está prohibida en nuestro ordenamiento jurídico.
d) Las respuestas a) y b) son ciertas.

16. La división del término municipal en distritos, barrios, etc., es competencia del/de la:

a) Instituto Geográfico Nacional.
b) Diputación Provincial.
c) Ayuntamiento respectivo.
d) Comunidad Autónoma.

17. Para ser vecino de un Municipio:

a) Hay que estar empadronado como tal en él.
b) Basta con la residencia habitual en el mismo.
c) No es necesario ser mayor de edad.
d) Debe saberse leer y escribir.

18. No es posible la consulta popular en la siguiente materia:

a) Sobre competencias municipales.
b) Hacienda Local.
c) Servicios municipales.
d) Es factible en todas ellas.

19. En el ámbito local el único órgano que puede someter a consulta popular un asunto es el:

a) Presidente de la Diputación Provincial.
b) Alcalde.
c) Gobierno de la Nación.
d) Pleno de cada Entidad Local.

20. En el Padrón no debe constar respecto de un vecino su:

a) Sexo.
b) Domicilio habitual.
c) Lugar de nacimiento.
d) Debe figurar todo lo anterior.

21. El Consejo de Empadronamiento está adscrito al/a la:

a) Presidencia del Gobierno de la Nación.
b) Ministerio del Interior.
c) Ministerio de Economía, Comercio y Empresa
d) Ministerio de la Presidencia, Justicia y Relaciones con las Cortes.

22. La confección del Padrón de españoles residentes en el extranjero es competencia del/de la:

a) Ayuntamiento de su último domicilio en España.
b) Comunidad Autónoma donde hubieren nacido.
c) Administración General del Estado.
d) Embajada o Consulado español en el país en que residan.

23. Las directrices e instrucciones técnicas para la formación, mantenimiento y rectificación del Padrón corresponde emanarlas al/a la:

a) Propio Ayuntamiento Pleno.
b) Administración General del Estado.
c) Comunidad Autónoma.
d) Alcalde.

24. La convocatoria de consultas populares debe autorizarla el/la:

a) Gobierno de la Nación.
b) Presidente de la Corporación.
c) Comunidad Autónoma.
d) Ninguno de ellos.

25. Las cuestiones que se susciten entre Municipios sobre deslinde de sus términos municipales serán resueltas por:

a) La correspondiente Comunidad Autónoma.
b) El Gobierno de España.
c) Las Diputaciones Provinciales.
d) El Consejo de Estado.

26. ¿Qué define ENTRENA CUESTA como el Ente Público menor territorial primario?

a) La Comarca.
b) La Mancomunidad de Municipios.
c) El Municipio.
d) La Provincia.

27. La creación de nuevos municipios solo podrá realizarse sobre la base de núcleos de población territorialmente diferenciados, de al menos:

a) 3.000 habitantes.
b) 4.000 habitantes.
c) 10.000 habitantes.
d) 5.000 habitantes.

28. ¿Cuál de los siguientes no es uno de los tres elementos que, conforme al artículo 11.2.º LRL, constituyen el Municipio?

a) La Organización.
b) La Población.
c) Las Competencias (propias o delegadas).
d) El Territorio.

29. La inscripción en el Padrón Municipal solo surtirá efecto por el tiempo que subsista el hecho que la motivó y, en todo caso, cuando se trate de la inscripción de extranjeros no comunitarios sin autorización de residencia permanente, deberá ser objeto de renovación periódica:

a) Cada año.
b) Cada dos años.
c) Cada tres años.
d) Cada cinco años.

30. ¿Cuál de los siguientes datos no es obligatorio a la hora de la inscripción en el Padrón municipal?

a) Lugar y fecha de nacimiento.
b) Sexo.
c) Nacionalidad.
d) Número de teléfono.

Solución al test n.º 7

1. d) Todas las respuestas son correctas.

2. d) La población, la organización y el territorio.

3. b) El territorio en que el Ayuntamiento ejerce sus competencias.

4. b) La creación de nuevos municipios solo podrá realizarse sobre la base de núcleos de población territorialmente diferenciados, de al menos 4.000 habitantes.

5. b) En ningún caso.

6. d) Las respuestas a) y c) son correctas.

7. c) Acceder a los aprovechamientos comunales.

8. c) No les atribuirá ningún derecho que no les confiera la legislación vigente.

9. c) El registro administrativo donde constan los vecinos de un municipio.

10. d) Ninguna de las respuestas es correcta.

11. a) Deberá inscribirse únicamente en el Padrón municipal del municipio en el que habite durante más tiempo al año.

12. c) Sí, y su formación se realizará por la Administración General del Estado.

13. b) Plena.

14. c) Paritario.

15. c) Está prohibida en nuestro ordenamiento jurídico.

16. c) Ayuntamiento respectivo.

17. a) Hay que estar empadronado como tal en él.

18. b) Hacienda Local.

19. b) Alcalde.

20. d) Debe figurar todo lo anterior.

21. c) Ministerio de Economía, Comercio y Empresa.

22. c) Administración General del Estado.

23. b) Administración General del Estado.

24. a) Gobierno de la Nación.

25. a) La correspondiente Comunidad Autónoma.

26. c) El Municipio.

27. b) 4.000 habitantes.

28. c) Las Competencias (propias o delegadas).

29. b) Cada dos años.

30. d) Número de teléfono.

Ley 7/1985, de 2 de abril, reguladora de las bases del régimen local: Régimen de organización de los municipios de gran población

1. ¿Cuál es, en virtud del art. 122.1 de la Ley de Régimen Local el órgano de máxima representación política de los ciudadanos en el gobierno municipal?

a) El Pleno.
b) El Alcalde.
c) El Consejo de Gobierno.
d) La Junta de Gobierno Local.

2. Según dispone el art. 124.3 de la Ley de Régimen Local el Alcalde tendrá el tratamiento de:

a) Muy Honorable.
b) Ilustrísima.
c) Excelencia.
d) Muy Ilustre Señor.

3. ¿Quién ordena la publicación, ejecución y cumplimiento de los acuerdos de los órganos ejecutivos del Ayuntamiento?

a) El Alcalde.
b) El Pleno.
c) El Secretario de la Corporación.
d) La Junta de Gobierno Local.

4. ¿Qué tratamiento tienen los Tenientes de Alcalde?

a) Muy Ilustre Señor.
b) Ilustrísima.
c) Muy Honorable.
d) Excelencia.

5. Señala la respuesta incorrecta respecto a la Junta de Gobierno Local:

a) Los miembros de la Junta de Gobierno Local podrán asistir a las sesiones del Pleno e intervenir en los debates, sin perjuicio de las facultades que corresponden a su Presidente.

b) La Junta de Gobierno Local responde políticamente ante el Pleno de su gestión de forma solidaria.

c) Corresponde al Alcalde nombrar y separar libremente a los miembros de la Junta de Gobierno Local, cuyo número no podrá exceder de la mitad del número legal de miembros del Pleno, además del Alcalde.

d) Le corresponde la aprobación del proyecto de presupuesto.

6. Señala cuál de los siguientes no es uno de los órganos directivos municipales:

a) El interventor general municipal.

b) Los coordinadores generales de cada área o concejalía.

c) Los miembros de la Junta de Gobierno Local.

d) El Secretario general del Pleno.

7. ¿Con qué periodicidad dará cuenta la Comisión Especial de Sugerencias y Reclamaciones al Pleno de las quejas presentadas y de las deficiencias observadas en el funcionamiento de los servicios municipales, con especificación de las sugerencias o recomendaciones no admitidas por la Administración municipal?

a) Anualmente.

b) Semestralmente.

c) Trimestralmente.

d) Mensualmente.

8. Señala cuál de los siguientes no es uno de los órganos directivos municipales:

a) El Alcalde.

b) El titular de la asesoría jurídica.

c) El titular del órgano de apoyo a la Junta de Gobierno Local y al concejal secretario de la misma.

d) Los directores generales u órganos similares que culminen la organización administrativa dentro de cada una de las grandes áreas o concejalías.

9. ¿Cuál es el órgano que, bajo la presidencia del Alcalde, colabora de forma colegiada en la función de dirección política que a este corresponde y ejerce las funciones ejecutivas y administrativas que se señalan en el artículo 127 de la Ley de Régimen Local?

a) El Pleno.

b) La Junta de Gobierno Local.

c) El Consejo Social de la Ciudad.

d) La Comisión de Gobierno Municipal.

10. ¿Quién convoca y preside las sesiones del Pleno y las de la Junta de Gobierno Local?

a) El Alcalde.
b) El Secretario General.
c) El Primer Teniente de Alcalde, en todo caso.
d) Ninguna respuesta es correcta.

11. No corresponde al secretario general del Pleno:

a) La expedición, con el visto bueno del Presidente del Pleno, de las certificaciones de los actos y acuerdos que se adopten.
b) Ejercer la superior dirección del personal al servicio de la Administración municipal.
c) La comunicación, publicación y ejecución de los acuerdos plenarios.
d) La colaboración en el normal desarrollo de los trabajos del Pleno y de las comisiones.

12. ¿Quién es el encargado de la custodia de las actas?

a) El Alcalde.
b) El Jefe de la Policía Local.
c) El concejal de mayor edad.
d) El Secretario General del Pleno.

13. ¿Cuál de las siguientes es una de las atribuciones que corresponden al Pleno en virtud del art. 123.1 LRL?

a) La aprobación y modificación de los reglamentos de naturaleza orgánica.
b) La aprobación y modificación de las ordenanzas y reglamentos municipales.
c) El control y la fiscalización de los órganos de gobierno.
d) Todas las respuestas son correctas.

14. ¿Ante quién responde de su gestión política el Alcalde?

a) Ante el Pleno.
b) Ante la Diputación Provincial.
c) Ante el Tribunal Superior de Justicia de su Comunidad Autónoma.
d) Ante la Audiencia Nacional.

15. ¿Quién nombra y cesa a los Presidentes de los Distritos?

a) El Alcalde.
b) El Pleno Municipal.
c) El Secretario General.
d) Los vecinos del Distrito.

16. Señala la respuesta incorrecta respecto a los Distritos:

a) Los ayuntamientos deberán crear distritos para impulsar y desarrollar la participación ciudadana en la gestión de los asuntos municipales y su mejora, sin perjuicio de la unidad de gobierno y gestión del municipio.

b) La presidencia del distrito corresponderá en todo caso al Alcalde.

c) Corresponde al Pleno de la Corporación determinar, en una norma de carácter orgánico, el porcentaje mínimo de los recursos presupuestarios de la corporación que deberán gestionarse por los distritos, en su conjunto.

d) Aparecen regulados en el art. 128 de la LRL.

17. Atendiendo a qué criterios se nombrarán a los coordinadores generales y de los directores generales:

a) Atendiendo a criterios de mérito, capacidad y antigüedad.

b) Atendiendo a criterios de igualdad y objetividad.

c) Atendiendo a criterios de experiencia y profesionalidad.

d) Atendiendo a criterios de competencia profesional y experiencia.

18. ¿A qué órgano le corresponde emitir informes, estudios y propuestas en materia de desarrollo económico local, planificación estratégica de la ciudad y grandes proyectos urbanos?

a) Al Pleno Municipal.

b) Al Consejo Social de la Ciudad.

c) A la Junta Municipal de Desarrollo.

d) A la Comisión Especial de Sugerencias y Reclamaciones.

19. ¿Cómo se denomina el órgano creado por el Pleno para la defensa de los derechos de los vecinos ante la Administración municipal?

a) Comité Local de Defensa de los Derechos de los Vecinos.

b) Junta Municipal de Defensa y Asesoramiento Vecinal.

c) Comisión Local de Quejas y Sugerencias Vecinales.

d) Comisión Especial de Sugerencias y Reclamaciones.

20. Señala la respuesta incorrecta respecto a la Comisión Especial de Sugerencias y Reclamaciones:

a) La Comisión especial de Sugerencias y Reclamaciones estará formada por representantes de los dos grupos mayoritarios que integren el Pleno.

b) Para el desarrollo de sus funciones, todos los órganos de Gobierno y de la Administración municipal están obligados a colaborar con la Comisión de Sugerencias y Reclamaciones.

c) Podrá supervisar la actividad de la Administración municipal, y deberá dar cuenta al Pleno de las quejas presentadas y de las deficiencias observadas en el funcionamiento de los servicios municipales, con especificación de las sugerencias o recomendaciones no admitidas por la Administración municipal.

d) Podrá realizar informes extraordinarios cuando la gravedad o la urgencia de los hechos lo aconsejen.

21. ¿A quién corresponde la creación de los distritos y su regulación?

a) Al Alcalde.
b) Al Pleno de la Corporación.
c) Al Consejo de Gobierno.
d) A la Junta de Gobierno Local.

22. Señala una de las funciones del Alcalde conforme al art. 124 LRL:

a) Establecer directrices generales de la acción de gobierno municipal y asegurar su continuidad.
b) Ejercer la Jefatura de la Policía Municipal.
c) Dictar bandos, decretos e instrucciones.
d) Todas las respuestas son correctas.

23. Señala la respuesta incorrecta respecto a la Junta de Gobierno Local:

a) Le corresponde la aprobación de los proyectos de instrumentos de ordenación urbanística cuya aprobación definitiva o provisional corresponda al Pleno.
b) Sus deliberaciones son públicas.
c) Una de sus funciones es la concesión de cualquier tipo de licencia, salvo que la legislación sectorial la atribuya expresamente a otro órgano.
d) Nombra y el cesa a los titulares de los órganos directivos de la Administración municipal, sin perjuicio de lo dispuesto en la disposición adicional octava de la LRL para los funcionarios de Administración local con habilitación de carácter nacional.

Solución al test n.º 8

1. a) El Pleno.

2. c) Excelencia.

3. a) El Alcalde.

4. b) Ilustrísima.

5. c) Corresponde al Alcalde nombrar y separar libremente a los miembros de la Junta de Gobierno Local, cuyo número no podrá exceder de la mitad del número legal de miembros del Pleno, además del Alcalde.

6. c) Los miembros de la Junta de Gobierno Local.

7. a) Anualmente.

8. a) El Alcalde.

9. b) La Junta de Gobierno Local.

10. a) El Alcalde.

11. b) Ejercer la superior dirección del personal al servicio de la Administración municipal.

12. d) El Secretario General del Pleno.

13. d) Todas las respuestas son correctas.

14. a) Ante el Pleno.

15. a) El Alcalde.

16. b) La presidencia del distrito corresponderá en todo caso al Alcalde.

17. d) Atendiendo a criterios de competencia profesional y experiencia.

18. b) Al Consejo Social de la Ciudad.

19. d) Comisión Especial de Sugerencias y Reclamaciones.

20. a) La Comisión especial de Sugerencias y Reclamaciones estará formada por representantes de los dos grupos mayoritarios que integren el Pleno.

21. b) Al Pleno de la Corporación.

22. d) Todas las respuestas son correctas.

23. b) Sus deliberaciones son públicas.

TEST N.º 9

La Ley 23/2006, de 20 de diciembre, de capitalidad de Palma: título preliminar

1. ¿Qué ley tiene por objeto regular el estatuto especial de Palma, como capital de la comunidad autónoma de las Illes Balears y sede de sus instituciones autonómicas, conforme a lo dispuesto en el Estatuto de Autonomía?

a) La Ley 13/2003, de 21 de septiembre.
b) La Ley 17/2005, de 23 de septiembre.
c) La Ley 20/2006, de 1 de abril.
d) La Ley 23/2006, de 20 de diciembre.

2. ¿A quién corresponde la alteración del término municipal de Palma?

a) Al Gobierno de la Nación.
b) Al Senado.
c) A la administración autonómica.
d) Al propio Ayuntamiento de Palma.

3. ¿De cuántos artículos consta el Título Preliminar de la Ley 23/2006, de 20 de diciembre, de capitalidad de Palma?

a) Doce.
b) Diez.
c) Ocho.
d) Siete.

4. De conformidad con el art. 3.1 de la Ley 23/2006, de 20 de diciembre, de capitalidad de Palma, la misma ostenta los títulos que tiene otorgados en consideración a su historia y a su tradición, y, en concreto:

a) El de Muy Grande, Libre y Plural Ciudad.
b) El de Muy Ilustre, Servicial y Plural Ciudad.
c) El de Muy Ilustre, Noble y Leal Ciudad.
d) El de Muy Grande, Ilustre y Leal Ciudad.

5. ¿Qué rey otorgó el sello oficial de Palma?

a) Pedro el Grande.
b) Jaime I el Conquistador.
c) Jaime II el Justo.
d) Alfonso III el Franco.

6. ¿Qué rey otorgó la bandera oficial de Palma?

a) El rey Sancho de Mallorca.
b) El rey Alfonso III el Franco.
c) El rey Jaime I el Conquistador.
d) El rey Jaime II el Justo.

7. ¿Cuál es la lengua del Ayuntamiento de Palma a tenor de lo dispuesto en el art. 4.1 de la Ley 23/2006, de 20 de diciembre, de capitalidad de Palma?

a) El castellano.
b) El catalán.
c) El catalán y el inglés.
d) El catalán, el castellano y el inglés, por ese orden.

8. ¿Quién puede crear un himno oficial propio de Palma?

a) El Parlament de les Illes Balears.
b) El Govern de les Illes Balears.
c) El Consell Econòmic i Social de les Illes Balears.
d) El Ayuntamiento de Palma.

9. En todo lo que no esté previsto por la Ley 23/2006, de 20 de diciembre, de capitalidad de Palma, serán de aplicación:

a) Las normas reguladoras de los diferentes sectores de la administración pública.
b) Las normas generales sobre régimen local.
c) Las respuestas a) y b) son correctas.
d) Ninguna respuesta es correcta.

10. A tenor del art. 4 de la Ley 23/2006, de 20 de diciembre, de capitalidad de Palma, el Ayuntamiento de Palma garantizará:

a) El uso exclusivo del catalán, dentro del marco constitucional y estatutario.
b) El uso preferente del castellano, dentro del marco constitucional y estatutario.
c) El uso del catalán y del castellano, dentro del marco constitucional y estatutario.
d) El uso preferente del catalán, dentro del marco constitucional y estatutario.

11. En la bandera oficial de Palma figura:

a) El blasón real de los palos y en la parte superior la figura del castillo en negro sobre blanco.

b) Un cuartel situado en la parte superior izquierda de fondo morado y con un castillo blanco de cinco torres en medio.

c) El blasón real de los palos y en la parte superior la figura del castillo en blanco sobre morado.

d) Cuatro castillos sobre el mar en los ángulos de la bandera, en referencia a los quartons en los que se dividió la isla tras su conquista.

12. El municipio de Palma goza del régimen jurídico especial establecido por la Ley 23/2006, de 20 de diciembre, de capitalidad de Palma, en el marco de:

a) El Estatuto de Autonomía de las Illes Balears.

b) La legislación sobre régimen local de las Illes Balears.

c) La legislación básica del Estado.

d) Todas las respuestas son correctas.

13. ¿A quién corresponde el desarrollo reglamentario de la Ley 23/2006, de 20 de diciembre, de capitalidad de Palma?

a) Al Govern de les Illes Balears.

b) Al Consejo Consultivo de las Islas Baleares.

c) Al Parlament de les Illes Balears.

d) Al Ayuntamiento de Palma.

14. Las prescripciones establecidas en la Ley 23/2006, de 20 de diciembre, en materia de organización serán desarrolladas y concretadas a través de reglamento orgánico que será aprobado por:

a) El Alcalde.

b) El pleno.

c) La Junta de Gobierno Local.

d) El Consejo de la Capitalidad.

15. ¿Qué mayoría requiere el acuerdo de aprobación del reglamento orgánico de organización?

a) Mayoría absoluta.

b) Mayoría simple.

c) Mayoría cualificada.

d) Unanimidad.

16. Señala la respuesta incorrecta:

a) El Ayuntamiento de Palma normalizará el uso de la lengua catalana, propia de las Illes Balears, en el ámbito de sus competencias conforme a la normativa vigente.

b) El término municipal de Palma es el ámbito en el cual el ayuntamiento ejerce sus competencias.

c) El Ayuntamiento de Palma carece de legitimación, conforme a la normativa específica, para defender la autonomía municipal ante los tribunales y los organismos de la Unión Europea, valiéndose para ello del Gobierno Autonómico.

d) El Ayuntamiento de Palma promoverá y llevará a cabo actividades de interés común con otras ciudades y pueblos, con las administraciones públicas y con instituciones y organismos europeos y del resto del mundo, en el ámbito de las competencias atribuidas por la Ley de capitalidad de Palma y la legislación general de régimen local.

Solución al test n.º 9

1. d) La Ley 23/2006, de 20 de diciembre.

2. c) A la administración autonómica.

3. c) Ocho.

4. c) El de Muy Ilustre, Noble y Leal Ciudad.

5. b) Jaime I el Conquistador.

6. a) El rey Sancho de Mallorca.

7. b) El catalán.

8. d) El Ayuntamiento de Palma.

9. c) Las respuestas a) y b) son correctas.

10. c) El uso del catalán y del castellano, dentro del marco constitucional y estatutario.

11. c) El blasón real de los palos y en la parte superior la figura del castillo en blanco sobre morado.

12. d) Todas las respuestas son correctas.

13. d) Al Ayuntamiento de Palma.

14. b) El pleno.

15. a) Mayoría absoluta.

16. c) El Ayuntamiento de Palma carece de legitimación, conforme a la normativa específica, para defender la autonomía municipal ante los tribunales y los organismos de la Unión Europea, valiéndose para ello del Gobierno Autonómico.

TEST N.º 10

Subordinación de la Administración a la ley y al derecho. Fuentes del derecho administrativo: especial referencia a la ley

1. Señala cuál de las siguientes es una fuente indirecta de nuestro Derecho Administrativo:

a) Los Reglamentos.
b) La Jurisprudencia.
c) Los Principios Generales del Derecho.
d) La Costumbre.

2. ¿Qué tipo de fuente del Derecho Administrativo son los Reglamentos del Presidente del Gobierno?

a) Directa.
b) Indirecta.
c) Directa subsidiaria.
d) No son fuente de nuestro Derecho Administrativo.

3. ¿A quién atribuye la Constitución Española la titularidad de la potestad legislativa?

a) Únicamente al Estado.
b) A las Cortes Generales exclusivamente.
c) Al Estado y las Comunidades Autónomas.
d) Al Estado, a las Comunidades Autónomas y a las Corporaciones Locales.

4. ¿A quién atribuye el art. 91 de la Carta Magna la potestad para ordenar la inmediata publicación de las leyes aprobadas por las Cortes Generales?

a) Al Rey.
b) Al Presidente del Gobierno.
c) Al Presidente del Congreso de los Diputados.
d) Al Presidente de la Mesa de la Cámara Baja.

5. ¿Cómo se denominan las leyes por las que las Cortes Generales, en materia de competencia estatal, pueden atribuir a todas o a alguna de las Comunidades Autónomas la facultad de dictar, para sí mismas, normas legislativas en el marco de los principios, bases y directrices fijados por una ley estatal?

a) Leyes orgánicas.
b) Leyes ordinarias.
c) Leyes marco.
d) Leyes de armonización.

6. ¿En qué plazo sancionará el Rey las leyes aprobadas por las Cortes Generales?

a) Un mes.
b) Veinte días.
c) Quince días.
d) Diez días.

7. ¿Qué órgano de los siguientes promulga las leyes?

a) El Rey.
b) El Presidente del Gobierno.
c) Las Cortes Generales.
d) El Presidente del Congreso.

8. ¿Qué son los decretos legislativos?

a) Disposiciones del Gobierno sobre derechos y deberes fundamentales.
b) Disposiciones de las Cortes que contienen delegación legislativa.
c) Disposiciones del Poder Judicial que contienen delegación legislativa.
d) Disposiciones del Gobierno que contienen legislación delegada.

9. En caso de extraordinaria y urgente necesidad, ¿qué disposición legislativa provisional podrá dictar el Gobierno?

a) Decreto legislativo.
b) Ley de bases.
c) Ley orgánica.
d) Decreto ley.

10. Los decretos leyes deberán de ser inmediatamente sometidos a debate y votación de totalidad:

a) Al Senado.
b) Al Gobierno.
c) Al Congreso de los Diputados.
d) Todas las anteriores son correctas.

11. Cuando las Asambleas de las CC AA remitan a la Mesa del Congreso una proposición de ley, delegarán ante dicha cámara para su defensa:

a) Un máximo de 2 miembros de la Asamblea.
b) Un máximo de 3 miembros de la Asamblea.
c) Un máximo de 4 miembros de la Asamblea.
d) Un máximo de 5 miembros de la Asamblea.

12. ¿Qué ley regulará las formas de ejercicio y requisitos de la iniciativa popular para la presentación de las proposiciones de ley?

a) Una ley de bases.
b) Una ley ordinaria.
c) Una ley orgánica.
d) Todas son correctas.

13. En caso de iniciativa legislativa popular, el número de firmas necesarias será de:

a) 250.000 firmas acreditadas.
b) 500.000 firmas acreditadas.
c) 1.000.000 firmas acreditadas.
d) 1.250.000 firmas acreditadas.

14. No procederá la iniciativa legislativa popular en materias:

a) Propias de ley orgánica.
b) Tributarias o internacionales.
c) En lo relativo a la prerrogativa de gracia.
d) Todas las anteriores son correctas.

15. ¿De qué plazo dispone el Senado para, mediante mensaje motivado, oponer su veto o introducir enmiendas a un proyecto de ley ordinaria u orgánica?

a) Veinte días, a partir del día de la recepción del texto.
b) Un mes, a partir del día de la recepción del texto.
c) Dos meses, a partir del día de la recepción del texto.
d) Tres meses, a partir del día de la recepción del texto.

16. El plazo ordinario de que el Senado dispone para vetar o enmendar el proyecto se reducirá en los proyectos declarados urgentes por el Gobierno o por el Congreso de los Diputados a:

a) Veinte días hábiles.
b) Veinte días naturales.
c) Quince días naturales.
d) Quince días hábiles.

17. El art. 129 de la Ley 39/2015, de 1 de octubre, del Procedimiento Administrativo Común de las Administraciones Públicas dispone que en el ejercicio de la iniciativa legislativa y la potestad reglamentaria, las Administraciones Públicas actuarán de acuerdo con los principios de:

a) Legalidad, necesidad, eficacia, eficiencia, transparencia, e igualdad.
b) Legalidad, objetividad, necesidad, eficacia y eficiencia.
c) Necesidad, transparencia, objetividad, proporcionalidad, y eficacia.
d) Necesidad, eficacia, proporcionalidad, seguridad jurídica, transparencia, y eficiencia.

18. ¿En virtud de qué principio, la iniciativa normativa debe evitar cargas administrativas innecesarias o accesorias y racionalizar, en su aplicación, la gestión de los recursos públicos?

a) En aplicación del principio de eficiencia.
b) En aplicación del principio de transparencia.
c) En aplicación del principio de proporcionalidad.
d) En aplicación del principio de necesidad.

19. ¿En virtud de qué principio o principios, la iniciativa normativa debe estar justificada por una razón de interés general, basarse en una identificación clara de los fines perseguidos y ser el instrumento más adecuado para garantizar su consecución?

a) En virtud de los principios de necesidad y eficacia.
b) En virtud de los principios de objetividad y proporcionalidad.
c) En virtud de los principios de seguridad y necesidad.
d) En virtud de los principios de transparencia y eficiencia.

20. Por la relación existente entre los reglamentos y la ley, GARRIDO FALLA y ENTRENA CUESTA, clasifican los Reglamentos en:

a) Dependientes o independientes.
b) Ejecutivos e Independientes.
c) Internos y externos.
d) Estatales, autonómicos, locales e institucionales.

21. Como consecuencia del principio de reserva de ley, la Administración no podrá, por vía reglamentaria:

a) Establecer y exigir prestaciones personales obligatorias.
b) Establecer ni imponer penas.
c) Establecer tributos.
d) Todas las respuestas son correctas.

22. Los vecinos que gocen del derecho de sufragio activo en las elecciones municipales podrán ejercer la iniciativa popular, presentando propuestas de acuerdos o actuaciones o proyectos de reglamentos en materias de la competencia municipal. Dichas iniciativas deberán ir suscritas, en los Municipios de hasta 5.000 habitantes, por al menos:

a) El 20 % de los vecinos del Municipio.
b) El 15 % de los vecinos del Municipio.
c) El 10 % de los vecinos del Municipio.
d) El 7,5 % de los vecinos del Municipio.

23. La fase de recogida de firmas de la iniciativa popular deberá hacerse en el plazo de:

a) Seis meses, prorrogable por otros dos meses más.
b) Seis meses improrrogables.
c) Nueve meses, prorrogable por otros tres meses más.
d) Nueve meses improrrogables.

24. Señala cuál de las siguientes no es una fuente directa principal del Derecho Administrativo:

a) Los decretos leyes.
b) Los Principios Generales del Derecho.
c) Los Reglamentos del Presidente del Gobierno.
d) La Constitución.

25. El artículo 1.6.º del Código Civil establece que la jurisprudencia complementará el ordenamiento jurídico con la doctrina que, de modo reiterado, establezca:

a) El Tribunal Constitucional.
b) La Audiencia Nacional.
c) El Tribunal Supremo.
d) Los Tribunales Superiores de Justicia.

26. ¿A quién corresponde elevar al Consejo de Ministros el Plan Anual Normativo para su aprobación?

a) Al Presidente del Gobierno.
b) Al Ministro de la Presidencia, Justicia y Relaciones con las Cortes.
c) Al Ministro del Interior.
d) Al Vicepresidente del Gobierno.

27. El/la Ministro/a competente elevará el Plan al Consejo de Ministros para su aprobación antes de:

a) El 30 de abril.
b) El 1 de mayo.
c) El 30 de junio.
d) El 31 de diciembre.

28. Conforme dispone el artículo 86 de la CE, en caso de extraordinaria y urgente necesidad, el Gobierno podrá dictar disposiciones legislativas provisionales que tomarán la forma de:

a) Leyes orgánicas.
b) Decretos leyes.
c) Decretos legislativos.
d) Reglamentos.

29. Los decretos leyes deberán ser inmediatamente sometidos a debate y votación de totalidad al Congreso de los Diputados, convocado al efecto si no estuviere reunido, en el plazo de:

a) Los treinta días siguientes a su promulgación.
b) Los veinte días siguientes a su promulgación.
c) Los quince días siguientes a su promulgación.
d) Los diez días siguientes a su promulgación.

30. Las disposiciones del Gobierno que contengan legislación delegada recibirán el título de:

a) Leyes orgánicas.
b) Decretos leyes.
c) Decretos legislativos.
d) Reglamentos.

31. Señala la respuesta incorrecta respecto al Reglamento:

a) El Reglamento consiste en un acto normativo dictado por la Administración en virtud de su competencia propia.
b) El Reglamento es toda disposición jurídica de carácter general dictada por la Administración Pública y con valor subordinado a la ley.
c) Por su contenido, son normas de Derecho subjetivo, de rango inferior al de las leyes.
d) Por su procedencia, al emanar de la Administración, están sometidos al principio de legalidad y son susceptibles, en su caso, de ser fiscalizados por la Jurisdicción Contencioso-Administrativa.

32. ¿En virtud de qué principio, la iniciativa normativa debe evitar cargas administrativas innecesarias o accesorias y racionalizar, en su aplicación, la gestión de los recursos públicos?

a) En aplicación del principio de transparencia.
b) En aplicación del principio de eficacia.
c) En aplicación del principio de eficiencia.
d) En aplicación del principio de seguridad jurídica.

33. Por la relación existente entre los Reglamentos y la ley, cabe distinguir entre:

a) Reglamentos Ejecutivos y Reglamentos Independientes.
b) Reglamentos Normativos y Reglamentos Legislativos.
c) Reglamentos Simples y Reglamentos Complejos.
d) Reglamentos Internos y Reglamentos Externos.

34. Como consecuencia del principio de reserva de ley, la Administración no podrá, por vía reglamentaria:

a) Establecer ni imponer penas.
b) Establecer tributos ni otro tipo de exacciones, tasas, cánones, derechos de propaganda, ni otras cargas similares.
c) Establecer y exigir prestaciones personales obligatorias.
d) Todas las respuestas anteriores son correctas.

35. ¿En virtud de qué principio las Administraciones Públicas posibilitarán el acceso sencillo, universal y actualizado a la normativa en vigor y los documentos propios de su proceso de elaboración, en los términos establecidos en el artículo 7 de la Ley 19/2013, de 9 de diciembre, de Transparencia, acceso a la Información Pública y Buen Gobierno?

a) En aplicación del principio de transparencia.
b) En aplicación del principio de eficacia.
c) En aplicación del principio de eficiencia.
d) En aplicación del principio de seguridad jurídica.

36. Las Administraciones Públicas, en el ámbito de sus competencias, publicarán:

a) Los documentos que, conforme a la legislación sectorial vigente, deban ser sometidos a un período de información pública durante su tramitación.
b) Las directrices, instrucciones, acuerdos, circulares o respuestas a consultas planteadas por los particulares u otros órganos en la medida en que supongan una interpretación del Derecho o tengan efectos jurídicos.
c) Los anteproyectos de ley y los proyectos de decretos legislativos cuya iniciativa les corresponda, cuando se soliciten los dictámenes a los órganos consultivos correspondientes.
d) Todas las respuestas anteriores son correctas.

37. ¿Con qué periodicidad, las Administraciones Públicas harán público un Plan Normativo que contendrá las iniciativas legales o reglamentarias que vayan a ser elevadas para su aprobación en el año siguiente?

a) Anualmente.
b) Semestralmente.
c) Trimestralmente.
d) Mensualmente.

38. Por razón del sujeto que los dicta, los Reglamentos podrán ser:

a) Públicos y privados.
b) Únicos y múltiples.
c) Estatales, autonómicos, locales e institucionales.
d) Políticos e institucionales.

39. ¿Cómo se denominan los Reglamentos dictados por las Autoridades administrativas en caso de emergencia?

a) Reglamentos excepcionales.
b) Reglamentos de necesidad.
c) Reglamentos *contra legem*.
d) Las respuestas b) y c) son correctas.

40. Los Reglamentos tienen el límite formal de que han de ser elaborados siguiendo el procedimiento establecido al respecto, so pena de:

a) Anulabilidad.
b) Nulidad.
c) Ilegitimidad.
d) Irregularidad.

41. ¿Cómo se denominan los Reglamentos que agotan su eficacia en el ámbito de la propia Administración, sin que regulen o repercutan en relaciones entre esta y los particulares o entre los Entes Públicos?

a) Internos.
b) Propios.
c) Simples.
d) Únicos.

42. ¿De qué plazo dispone el Rey para sancionar las leyes aprobadas por las Cortes Generales?

a) De un mes.
b) De veinte días.
c) De quince días.
d) De siete días.

43. A tenor del artículo 81.1.º CE, son leyes orgánicas:

a) Las que regulen el régimen electoral general.
b) Las relativas al desarrollo de los derechos fundamentales y de las libertades públicas.
c) Las que aprueben los Estatutos de Autonomía.
d) Todas las respuestas son correctas.

44. ¿Cómo se denominan las leyes por las que las Cortes Generales, en materia de competencia estatal, pueden atribuir a todas o a alguna de las Comunidades Autónomas la facultad de dictar, para sí mismas, normas legislativas en el marco de los principios, bases y directrices fijados por una ley estatal?

a) Leyes de armonización.
b) Decretos leyes.
c) Leyes marco.
d) Decretos legislativos.

45. Los Reglamentos de las Cámaras prevén la posibilidad de seguir un procedimiento de urgencia, a iniciativa:

a) Del Gobierno.
b) De dos Grupos Parlamentarios.
c) De una quinta parte de los Diputados.
d) Todas las respuestas son correctas.

46. ¿Quién coordina el Plan Anual Normativo, con el objeto de asegurar la congruencia de todas las iniciativas que se tramiten y de evitar sucesivas modificaciones del régimen legal aplicable a un determinado sector o área de actividad en un corto espacio de tiempo?

a) El Presidente del Gobierno.
b) El Ministerio de la Presidencia, Justicia y Relaciones con las Cortes.
c) El Ministerio del Interior.
d) El Vicepresidente del Gobierno.

47. El artículo 97 CE confiere la potestad reglamentaria, genérica y expresamente:

a) Al Gobierno.
b) Al Estado.
c) Al Estado Central y al Estado de las Autonomías.
d) A la Administración Pública.

48. En el ejercicio de la iniciativa legislativa y la potestad reglamentaria, las Administraciones Públicas actuarán de acuerdo con los principios de:

a) Legalidad, necesidad, igualdad, transparencia, y eficiencia.
b) Necesidad, eficacia, proporcionalidad, justicia y buena fe.
c) Necesidad, eficacia, proporcionalidad, seguridad jurídica, transparencia, y eficiencia.
d) Buena fe, igualdad, proporcionalidad, eficacia y eficiencia.

49. Una vez aprobado, el Plan Anual Normativo se publicará en:

a) El BOE.
b) El BOE y en el Boletín Oficial de las CCAA.
c) El Portal de la Transparencia de la Administración Pública correspondiente.
d) Un diario nacional de tirada diaria.

50. A tenor del artículo 9.3.º de la Constitución Española, ¿cuál de los siguientes no es uno de los principios que garantiza nuestra Carta Magna?

a) La interdicción de la arbitrariedad de los poderes públicos.
b) La jerarquía normativa.
c) La retroactividad de las disposiciones sancionadoras no favorables o restrictivas de derechos individuales.
d) La publicidad de las normas.

51. Los Reglamentos o disposiciones ministeriales son, respecto al Derecho Administrativo, una fuente:

a) Directa.
b) Directa subsidiaria.
c) Indirecta.
d) No se consideran fuente del Derecho Administrativo.

52. La costumbre es, respecto al Derecho Administrativo, una fuente:

a) Directa.
b) Directa subsidiaria.
c) Indirecta.
d) No se considera fuente del Derecho Administrativo.

53. La Constitución Española prevé la necesariedad de ley orgánica en la regulación de:

a) Las dudas, renuncias, etc., respecto a la sucesión en la Corona.
b) Las bases de la organización militar.
c) La iniciativa popular legislativa.
d) Todas las respuestas son correctas.

54. Según dispone el artículo 2.1 del Código Civil, las leyes entrarán en vigor, si en ellas no se dispone otra cosa:

a) A los siete días de su completa publicación en el Boletín Oficial del Estado.
b) A los diez días de su completa publicación en el Boletín Oficial del Estado.
c) A los quince días de su completa publicación en el Boletín Oficial del Estado.
d) A los veinte días de su completa publicación en el Boletín Oficial del Estado.

55. De acuerdo con lo previsto en la Constitución, los Estatutos de Autonomía y la Ley 7/1985, de 2 de abril, reguladora de las Bases del Régimen Local, el ejercicio de la potestad reglamentaria corresponde:

a) A los órganos de Gobierno de las Comunidades Autónomas.
b) Al Gobierno de la Nación.

c) A los órganos de gobierno locales.
d) Todas las respuestas son correctas.

56. ¿En virtud de qué dos principios, la iniciativa normativa debe estar justifica-da por una razón de interés general, basarse en una identificación clara de los fines perseguidos y ser el instrumento más adecuado para garantizar su consecución?

a) Legalidad y seguridad jurídica.
b) Necesidad y eficacia.
c) Igualdad y publicidad.
d) Necesidad y seguridad jurídica.

57. Con carácter previo a la elaboración del proyecto o anteproyecto de ley o de Reglamento, se sustanciará una consulta pública, a través del portal web de la Administración competente en la que se recabará la opinión de los sujetos y de las organizaciones más representativas potencialmente afectados por la futura norma acerca de:

a) Los objetivos de la norma.
b) Los problemas que se pretenden solucionar con la iniciativa.
c) Las posibles soluciones alternativas regulatorias y no regulatorias.
d) Todas las respuestas son correctas.

58. ¿Cómo se denominan los Reglamentos que contienen normas de Derecho objetivo referidas a los particulares y, como tales, son necesariamente complemen-tarios de la ley, no pueden por sí solos originar obligaciones o deberes de suprema-cía general para los súbditos, requiriendo una ley que les habilite para ello:

a) Reglamentos externos.
b) Reglamentos necesarios.
c) Reglamentos limitados.
d) Reglamentos simples.

59. Señala, respecto a los Reglamentos, la respuesta incorrecta:

a) Los Reglamentos independientes no deben limitar derechos subjetivos ni situacio-nes jurídicas adquiridas por los particulares.
b) En general, los Reglamentos no deben regular cuestiones que, por su naturaleza, pertenezcan al campo jurídico–público.
c) Los Reglamentos no pueden derogar ni modificar el contenido de leyes formales, decretos leyes, decretos legislativos, ni de otros Reglamentos dictados por Autoridad u órgano de mayor jerarquía.
d) Los Reglamentos que, en ejecución de ley anterior, y haciendo uso de la autoriza-ción que en ella se contenga, pueden limitar derechos a particulares, no deben extender-se a materias distintas de las de la ley de autorización.

60. Nuestra CE ha previsto dos tipos de normas del Ejecutivo con fuerza de ley:

a) Los reales decretos legislativos y los reales decretos orgánicos.
b) Las leyes ordinarias y las leyes orgánicas.
c) Los decretos y los decretos legislativos.
d) El Ejecutivo no puede dictar normas con fuerza de ley.

Solución al test n.º 10

1. b) La Jurisprudencia.

2. a) Directa.

3. c) Al Estado y las Comunidades Autónomas.

4. a) Al Rey.

5. c) Leyes marco.

6. c) Quince días.

7. a) El Rey.

8. d) Disposiciones del Gobierno que contienen legislación delegada.

9. d) Decreto ley.

10. c) Al Congreso de los Diputados.

11. b) Un máximo de 3 miembros de la Asamblea.

12. c) Una ley orgánica.

13. b) 500.000 firmas acreditadas.

14. d) Todas las anteriores son correctas.

15. c) Dos meses, a partir del día de la recepción del texto.

16. b) Veinte días naturales.

17. d) Necesidad, eficacia, proporcionalidad, seguridad jurídica, transparencia, y eficiencia.

18. a) En aplicación del principio de eficiencia.

19. a) En virtud de los principios de necesidad y eficacia.

20. b) Ejecutivos e Independientes.

21. d) Todas las respuestas son correctas.

22. a) El 20 % de los vecinos del Municipio.

23. c) Nueve meses, prorrogable por otros tres meses más.

24. b) Los Principios Generales del Derecho.

25. c) El Tribunal Supremo.

26. b) Al Ministro de la Presidencia, Justicia y Relaciones con las Cortes.

27. a) El 30 de abril.

28. b) Decretos leyes.

29. a) Los treinta días siguientes a su promulgación.

30. c) Decretos legislativos.

31. c) Por su contenido, son normas de Derecho subjetivo, de rango inferior al de las leyes.

32. c) En aplicación del principio de eficiencia.

33. a) Reglamentos Ejecutivos y Reglamentos Independientes.

34. d) Todas las respuestas son correctas.

35. a) En aplicación del principio de transparencia.

36. d) Todas las respuestas anteriores son correctas.

37. a) Anualmente.

38. c) Estatales, autonómicos, locales e institucionales.

39. d) Las respuestas b) y c) son correctas.

40. b) Nulidad.

41. a) Internos.

42. c) De quince días.

43. d) Todas las respuestas son correctas.

44. c) Leyes marco.

45. d) Todas las respuestas son correctas.

46. b) El Ministerio de la Presidencia, Justicia y Relaciones con las Cortes.

47. a) Al Gobierno.

48. c) Necesidad, eficacia, proporcionalidad, seguridad jurídica, transparencia, y eficiencia.

49. c) El Portal de la Transparencia de la Administración Pública correspondiente.

50. c) La retroactividad de las disposiciones sancionadoras no favorables o restrictivas de derechos individuales.

51. a) Directa.

52. b) Directa subsidiaria.

53. d) Todas las respuestas son correctas.

54. d) A los veinte días de su completa publicación en el Boletín Oficial del Estado.

55. d) Todas las respuestas son correctas.

56. b) Necesidad y eficacia.

57. d) Todas las respuestas son correctas.

58. a) Reglamentos externos.

59. b) En general, los Reglamentos no deben regular cuestiones que, por su naturaleza, pertenezcan al campo jurídico–público.

60. c) Los decretos leyes y los decretos legislativos.

TEST N.º 11

Ley 7/1985, de 2 de abril, reguladora de las bases del régimen local. La potestad reglamentaria en el ámbito local: ordenanzas, reglamentos y bandos. Procedimiento de elaboración y aprobación

1. ¿Cómo se denominan los bandos dictados en desarrollo de las atribuciones del Alcalde para mejor regir y gobernar la vida de la comunidad?

a) Bandos Ordinarios.
b) Bandos de Gobierno.
c) Bandos de Policía y Buen Gobierno.
d) Bandos de Seguridad y Buen Gobierno.

2. ¿A quién le corresponde, en los Municipios de gran población, la aprobación de los proyectos de ordenanzas y reglamentos, incluidos los orgánicos, con excepción de las normas reguladoras del Pleno y de sus comisiones?

a) Al Alcalde.
b) Al Pleno.
c) A la Junta de Gobierno Local.
d) Al Secretario de la Corporación.

3. Los actos de deterioro grave y relevante de equipamientos, infraestructuras, instalaciones o elementos de un servicio público, constituyen una infracción a las Ordenanzas Locales de carácter:

a) Muy grave.
b) Grave.
c) Menos grave.
d) Leve.

4. Las infracciones leves de las Ordenanzas Locales podrán acarrear una multa de hasta:

a) 1.500 euros.
b) 1.000 euros.

c) 750 euros.
d) 600 euros.

5. ¿Cuándo prescribirán las sanciones impuestas por faltas muy graves a las Ordenanzas Locales, si estas no fijaran plazo de prescripción?

a) A los cinco años.
b) A los tres años.
c) A los dos años.
d) Al año.

6. El art. 30 de la Ley 40/2015, de 1 de octubre, de Régimen Jurídico del Sector Público, dispone que las infracciones y sanciones prescriban según lo dispuesto en las leyes que las establezcan. Si estas no fijan plazos de prescripción, las infracciones muy graves prescribirán:

a) A los cinco años.
b) A los tres años.
c) A los dos años.
d) Al año.

7. ¿Cómo se denominan los bandos que se limitan a recordar el cumplimiento de disposiciones vigentes de carácter legal, publicándose en fechas fijadas de antemano por la ley y en todos los Municipios?

a) Bandos generales.
b) Bandos simples.
c) Bandos ordinarios.
d) Bandos periódicos.

8. ¿Cómo se denominan los bandos dictados en desarrollo de las atribuciones del Alcalde para mejor regir y gobernar la vida de la comunidad?

a) Bandos de urgencia.
b) Bandos periódicos.
c) Bandos de buena administración.
d) Bandos de policía y buen gobierno.

9. ¿A qué disposiciones denomina GARCÍA DE ENTERRÍA «reglamentos de necesidad»?

a) A las Ordenanzas.
b) A los Decretos.
c) A los Reales Decretos.
d) A los Bandos.

10. Las infracciones a las ordenanzas locales a que se refiere el artículo anterior se clasificarán en:

a) Muy graves, graves y leves.
b) Muy graves, graves y menos graves.
c) Graves y leves.
d) Muy graves, menos graves, graves y leves.

11. El impedimento o la grave y relevante obstrucción al normal funcionamiento de un servicio público, constituye una infracción:

a) Muy grave.
b) Menos grave.
c) Grave.
d) Leve.

12. Salvo previsión legal distinta, las multas por infracción muy grave a las Ordenanzas locales, se sanciona con una sanción económica de:

a) Hasta 6.000 euros.
b) Hasta 5.000 euros.
c) Hasta 3.000 euros.
d) Hasta 1.500 euros.

13. Salvo previsión legal distinta, las multas por infracción leve a las Ordenanzas locales, se sanciona con una sanción económica de:

a) Hasta 1.000 euros.
b) Hasta 750 euros.
c) Hasta 500 euros.
d) Hasta 300 euros.

14. Las Ordenanzas fiscales entran en vigor:

a) En el momento de su publicación definitiva en el Boletín Oficial de la Provincia.
b) A los diez días de su publicación definitiva en el Boletín Oficial de la Provincia.
b) En el momento de su publicación definitiva en el Boletín Oficial del Estado.
d) A los veinte días de su publicación definitiva en el Boletín Oficial del Estado.

15. Las normas locales que regulan las relaciones entre el Ente Local que las promulga y los ciudadanos a los que se dirigen, se denominan:

a) Reglamentos.
b) Ordenanzas.
c) Bandos.
d) Recomendaciones.

16. Por el Pleno de la Corporación se aprobarán inicialmente las Ordenanzas y Reglamentos, como regla general por:

a) Mayoría de los miembros del Pleno de la Corporación.
b) Mayoría absoluta y con el voto favorable del Presidente de la Corporación.
c) Basta con el voto favorable del Presidente de la Corporación.
d) La Junta de Gobierno, por delegación del Pleno.

17. Una vez aprobadas inicialmente las Ordenanzas y Reglamentos, se expondrán al público durante un plazo mínimo de:

a) Cuarenta y cinco días hábiles.
b) Treinta días hábiles.
c) Veinte días naturales.
d) Quince días naturales.

18. Aprobadas definitivamente las Ordenanzas y Reglamentos, se procederá a su publicación en:

a) El Boletín Oficial de la Provincia.
b) El Boletín Oficial de la Comunidad Autónoma.
c) El Boletín Oficial del Estado.
d) El Boletín Oficial de la Comunidad Autónoma y en el BOE.

Solución al test n.º 11

1. c) Bandos de Policía y Buen Gobierno.

2. c) A la Junta de Gobierno Local.

3. a) Muy grave.

4. c) 750 euros.

5. b) A los tres años.

6. b) A los tres años.

7. d) Bandos periódicos.

8. d) Bandos de policía y buen gobierno.

9. d) A los Bandos.

10. a) Muy graves, graves y leves.

11. a) Muy grave.

12. c) Hasta 3.000 euros.

13. b) Hasta 750 euros.

14. a) En el momento de su publicación definitiva en el Boletín Oficial de la Provincia.

15. b) Ordenanzas.

16. a) Mayoría de los miembros del Pleno de la Corporación.

17. b) Treinta días hábiles.

18. a) El Boletín Oficial de la Provincia.

TEST N.º 12

Los principios de actuación de la Administración pública: eficacia, jerarquía, descentralización, desconcentración y coordinación

1. La mecanización e informatización de los trabajos burocráticos es un exponente del principio de:

a) Legalidad.
b) Eficacia.
c) Descentralización.
d) Jerarquía.

2. La dirección de los órganos inferiores, por parte de los superiores, se suele llevar a efecto a través de:

a) Instrucciones y órdenes de servicio.
b) La resolución de los conflictos entre los mismos.
c) La delegación de competencias entre ellos.
d) Todo lo anterior.

3. Como consecuencia de la delegación de competencias, estas:

a) Se transfieren a órganos superiores.
b) Se ejercen por órganos inferiores, manteniéndose la titularidad de las mismas en el órgano delegante.
c) Dejan de pertenecer a la esfera jurídica del órgano delegante.
d) El órgano al que se delegan puede fiscalizar la actividad del órgano delegante.

4. La revocación de una delegación de competencias:

a) Está prohibida con carácter general.
b) Solo se admite en caso de insuficiencia técnica del órgano al que se han delegado.
c) Puede producirse en cualquier momento.
d) Ha de efectuarse tras sentencia judicial al efecto.

5. Normalmente, la revocación de los actos de los inferiores por el superior jerárquico puede producirse tras la interposición del siguiente recurso o reclamación:

a) De alzada.
b) De revisión.
c) Contencioso-administrativo.
d) Cualquiera de los anteriores.

6. Una característica de los Entes descentralizados es que:

a) Carecen de personalidad jurídica.
b) Están subordinados jerárquicamente al órgano que efectúa la descentralización.
c) Pertenecen al mismo Ente que el que descentraliza.
d) Nada de lo anterior es correcto.

7. Cuando se efectúa el traspaso de la titularidad de una competencia de un órgano superior a otro inferior, se habla de:

a) Delegación.
b) Desconcentración.
c) Descentralización.
d) Coordinación.

8. En el supuesto denominado "delegación de firma", el órgano titular de la competencia:

a) Ha de firmar todas las comunicaciones que se produzcan.
b) Habilita al inferior para que ejerza la potestad sancionadora en su nombre.
c) Pierde la competencia de que se trate.
d) Nada de lo anterior es correcto.

9. La revisión de oficio de los actos de los inferiores:

a) Ha de acordarse por ellos mismos exclusivamente.
b) Puede ser instada procedimentalmente por el superior jerárquico.
c) No requiere procedimiento específico.
d) Se efectúa a través del recurso de alzada.

10. La avocación supone que:

a) Un órgano superior delega en el inferior una competencia.
b) El órgano superior revoca el acto del inferior.
c) Se asume el ejercicio de una competencia de un inferior por parte del superior.
d) Se produce cualquiera de las tres proposiciones anteriores.

11. Señala la opción incorrecta. Las diferentes Administraciones Públicas actúan y se relacionan con otras Administraciones y entidades u organismos vinculados o dependientes de estas, de acuerdo con los siguientes principios:

a) Solidaridad interterritorial de acuerdo con la Constitución.

b) Cooperación, cuando dos o más Administraciones Públicas, de manera impuesta y en ejercicio de sus competencias, asumen compromisos genéricos en aras de una acción común.

c) Lealtad institucional.

d) Eficiencia en la gestión de los recursos públicos.

12. El principio de jerarquía no se aplica en la actualidad:

a) En la Administración General del Estado.

b) En la Administración de las Comunidades Autónomas.

c) En Administración Local.

d) En la Administración General del Estado ni en la de las Ciudades Autónomas de Ceuta y Melilla.

13. El traspaso de competencias de un Ministro o Consejero de Comunidad Autónoma a un Director General o a un Director o Delegado Provincial del Ministerio o de la Consejería, sería un ejemplo de:

a) Desconcentración.

b) Descentralización.

c) Jerarquía.

d) Autonomía.

14. Los convenios suscritos por la Administración General del Estado o alguno de sus organismos públicos o entidades de derecho público vinculados o dependientes, serán publicados obligatoriamente:

a) En el Boletín Oficial de la Comunidad Autónoma.

b) En el Boletín Oficial de la Provincia.

c) En el Boletín Oficial del Estado.

d) En todos los Boletines Oficiales.

20. Los convenios suscritos por la Administración General del Estado o alguno de sus organismos públicos o entidades de derecho público vinculados o dependientes, serán publicados en el plazo de:

a) 15 días hábiles desde su formalización en el Boletín Oficial correspondiente.

b) 10 días naturales desde su formalización en el Boletín Oficial correspondiente.

c) 10 días hábiles desde su formalización en el Boletín Oficial correspondiente.

d) 15 días naturales desde su formalización en el Boletín Oficial correspondiente.

16. Las Comisiones Delegadas del Gobierno o del Consejo de Gobierno de las Comunidades Autónomas se crean, entre otros fines, para coordinar la acción de:

a) La Administración estatal en sus territorios respectivos.

b) Los Delegados del Gobierno de la Nación en las Comunidades Autónomas.

c) Los Subdelegados del Gobierno en las provincias.

d) Los Ministerios o Consejerías implicados en los sectores de la actividad administrativa a los que se refieren.

17. La descentralización supone:

a) El traslado de la titularidad de competencias por parte de una Administración a otra o a Entes pertenecientes a la misma, pero dotados de personalidad jurídica.

b) El traslado del ejercicio de la competencia por parte de una Administración a otra o a Entes pertenecientes a la misma, pero dotados de personalidad jurídica.

c) El traslado de la titularidad de competencias por parte de una Administración a otra o a Entes pertenecientes a la misma, pero sin personalidad jurídica.

d) El traslado del ejercicio de la competencia por parte de una Administración a otra o a Entes pertenecientes a la misma, pero sin personalidad jurídica.

18. En virtud del principio de jerarquía, las instrucciones y órdenes de servicio dadas por los superiores, tienen la categoría de normas internas de obligado cumplimiento por los subordinados, so pena de incurrir en:

a) Responsabilidad civil.

b) Responsabilidad penal.

c) Responsabilidad disciplinaria.

d) Responsabilidad laboral.

19. En virtud del principio de jerarquía, los superiores deberán resolver los conflictos positivos de atribuciones que surjan entre órganos inferiores, y estos conflictos positivos se dan:

a) Cuando dos o más órganos no quieran entender de una cuestión al no considerarse competentes para resolverla.

b) Cuando dos o más órganos quieran entender de una cuestión al considerarse competentes para resolverla.

c) Cuando ningún órgano quiera entender de una cuestión, al no considerarse ninguno competente para resolverla.

d) Cuando unos órganos se consideran competentes y otros no para resolverla.

Solución al test n.º 12

1. b) Eficacia.

2. a) Instrucciones y órdenes de servicio.

3. b) Se ejercen por órganos inferiores, manteniéndose la titularidad de las mismas en el órgano delegante.

4. c) Puede producirse en cualquier momento.

5. a) De alzada.

6. d) Nada de lo anterior es correcto.

7. b) Desconcentración.

8. d) Nada de lo anterior es correcto.

9. b) Puede ser instada procedimentalmente por el superior jerárquico.

10. c) Se asume el ejercicio de una competencia de un inferior por parte del superior.

11. b) Cooperación, cuando dos o más Administraciones Públicas, de manera impuesta y en ejercicio de sus competencias, asumen compromisos genéricos en aras de una acción común.

12. c) En Administración Local.

13. a) Desconcentración.

14. c) En el Boletín Oficial del Estado.

15. c) 10 días hábiles desde su formalización en el Boletín Oficial correspondiente.

16. d) Los Ministerios o Consejerías implicados en los sectores de la actividad administrativa a los que se refieren.

17. a) El traslado de la titularidad de competencias por parte de una Administración a otra o a Entes pertenecientes a la misma, pero dotados de personalidad jurídica.

18. c) Responsabilidad disciplinaria.

19. b) Cuando dos o más órganos quieran entender de una cuestión al considerarse competentes para resolverla.

TEST N.º 13

Ley 39/2015, de 1 de octubre de 2015, de Procedimiento administrativo común de las administraciones públicas: disposiciones generales. Los interesados en el procedimiento administrativo

1. En materia de representación, la LPACAP incluye nuevos medios para acreditarla en el ámbito exclusivo de las Administraciones Públicas, como son, entre otros:

a) El apoderamiento notarial de forma electrónica.
b) El apoderamiento *apud acta*, presencial o electrónico.
c) El apoderamiento *anod actus*, presencial o electrónico.
d) El apoderamiento *acta omnis*, presencial.

2. La LPACAP establece, con carácter general, la obligación de las Administraciones Públicas de:

a) No admitir que el interesado pueda presentar con carácter general copias de documentos en soporte papel.
b) No admitir que el interesado pueda presentar con carácter general copias de documentos que hayan sido digitalizadas.
c) Requerir documentos ya aportados por los interesados, elaborados por las Administraciones Públicas o documentos originales.
d) No requerir documentos ya aportados por los interesados, elaborados por las Administraciones Públicas o documentos originales.

3. La edad mínima para entablar por sí solo relaciones con la Administración Pública es de:

a) Dieciocho años.
b) Depende de los casos.
c) Veintiún años la mujer casada.
d) Dieciséis años.

4. La falta o insuficiente acreditación de la representación no impedirá que se tenga por realizado el acto de que se trate, siempre que se aporte aquella o se subsane el defecto dentro del plazo que deberá conceder al efecto el órgano administrativo, de:

a) Un mes, o de un plazo superior cuando las circunstancias del caso así lo requieran.
b) Veinte días, o de un plazo superior cuando las circunstancias del caso así lo requieran.
c) Quince días, o de un plazo superior cuando las circunstancias del caso así lo requieran.
d) Diez días, o de un plazo superior cuando las circunstancias del caso así lo requieran.

5. Los poderes inscritos en el registro electrónico de apoderamientos tendrán una validez determinada máxima de:

a) Diez años a contar desde la fecha de inscripción.
b) Cinco años a contar desde la fecha de inscripción.
c) Tres años a contar desde la fecha de inscripción.
d) Dos años a contar desde la fecha de inscripción.

6. Señala la respuesta incorrecta respecto a los interesados:

a) Se consideran interesados en el procedimiento administrativo los que, sin haber iniciado el procedimiento, tengan derechos que puedan resultar afectados por la decisión que en el mismo se adopte.
b) Cuando en una solicitud, escrito o comunicación figuren varios interesados, las actuaciones a que den lugar se efectuarán con el representante o el interesado que expresamente hayan señalado, y, en su defecto, con cualquiera de los demás.
c) Cuando la condición de interesado derivase de alguna relación jurídica transmisible, el derecho-habiente sucederá en tal condición cualquiera que sea el estado del procedimiento.
d) La presentación de una denuncia y la comparecencia en el trámite de información pública, respectivamente, no confieren u otorgan, por sí solas, la condición de interesado en el procedimiento.

7. En Derecho Administrativo, a diferencia del Derecho Privado, se puede reconocer a los menores de edad:

a) Capacidad jurídica.
b) Capacidad de obrar.
c) Ambas capacidades.
d) Ninguna de ellas.

8. Señala la respuesta incorrecta. Las Administraciones Públicas solo requerirán a los interesados el uso obligatorio de firma para:

a) Presentar declaraciones responsables o comunicaciones.
b) Adquirir derechos.

c) Interponer recursos.
d) Formular solicitudes.

9. Si durante la instrucción de un procedimiento, se advierte la existencia de personas que sean titulares de derechos o intereses legítimos y directos cuya identificación resulte del expediente y que puedan resultar afectados por la resolución que se dicte:

a) Se comunicará a dichas personas la tramitación del procedimiento cuando así lo solicite el interesado que inició el procedimiento.
b) Se publicará por edictos.
c) Se comunicará a dichas personas la tramitación del procedimiento cuando este no haya tenido publicidad.
d) No se comunicará, salvo que se presenten en forma legal en el procedimiento.

10. Con carácter general, para realizar cualquier actuación prevista en el procedimiento administrativo, será suficiente con que los interesados acrediten previamente su identidad a través de cualquiera de los medios de identificación previstos en la Ley 39/2015, de 1 de octubre. Las Administraciones Públicas NO requerirán a los interesados el uso obligatorio de firma para:

a) Identificar a las autoridades y al personal al servicio de las Administraciones Públicas bajo cuya responsabilidad se tramiten los procedimientos.
b) Desistir de acciones.
c) Presentar declaraciones responsables o comunicaciones.
d) Formular solicitudes.

11. En relación con la asistencia en el uso de medios electrónicos a los interesados, el art. 12.2 de la Ley 39/2015, de 1 de octubre, dispone que las Administraciones Públicas asistirán en el uso de medios electrónicos:

a) A quienes ejerzan una actividad profesional para la que se requiera colegiación obligatoria, para los trámites y actuaciones que realicen con las Administraciones Públicas en ejercicio de dicha actividad profesional.
b) A ciertos colectivos de personas físicas que por razón de su capacidad económica, técnica, dedicación profesional u otros motivos quede acreditado que tienen acceso y disponibilidad de los medios electrónicos necesarios.
c) A los empleados de las Administraciones Públicas para los trámites y actuaciones que realicen con ellas por razón de su condición de empleado público.
d) A los interesados no incluidos en los apartados 2 y 3 del artículo 14 de la Ley 39/2015, de 1 de octubre, que así lo soliciten, especialmente en lo referente a la identificación y firma electrónica, presentación de solicitudes a través del registro electrónico general y obtención de copias auténticas.

12. Si algunos de los interesados no dispone de los medios electrónicos necesarios, su identificación o firma electrónica en el procedimiento administrativo podrá ser válidamente realizada por un funcionario público mediante el uso del sistema de firma electrónica del que esté dotado para ello. En este caso:

a) Será necesario que el interesado que carezca de los medios electrónicos necesarios se identifique ante el funcionario.

b) Será necesario que el interesado que carezca de los medios electrónicos necesarios se identifique ante el funcionario y preste su consentimiento expreso para esta actuación.

c) Será necesario que el interesado que carezca de los medios electrónicos necesarios se identifique ante el funcionario y preste su consentimiento expreso para esta actuación, de lo que deberá quedar constancia para los casos de discrepancia.

d) Será necesario que el interesado que carezca de los medios electrónicos necesarios se identifique ante el funcionario y preste su consentimiento expreso para esta actuación, de lo que deberá quedar constancia para los casos de discrepancia o litigio.

Solución al test n.º 13

1. b) El apoderamiento *apud acta*, presencial o electrónico.

2. d) No requerir documentos ya aportados por los interesados, elaborados por las Administraciones Públicas o documentos originales.

3. b) Depende de los casos.

4. d) Diez días, o de un plazo superior cuando las circunstancias del caso así lo requieran.

5. b) Cinco años a contar desde la fecha de inscripción.

6. b) Cuando en una solicitud, escrito o comunicación figuren varios interesados, las actuaciones a que den lugar se efectuarán con el representante o el interesado que expresamente hayan señalado, y, en su defecto, con cualquiera de los demás.

7. b) Capacidad de obrar.

8. b) Adquirir derechos.

9. c) Se comunicará a dichas personas la tramitación del procedimiento cuando este no haya tenido publicidad.

10. a) Identificar a las autoridades y al personal al servicio de las Administraciones Públicas bajo cuya responsabilidad se tramiten los procedimientos.

11. d) A los interesados no incluidos en los apartados 2 y 3 del artículo 14 de la Ley 39/2015, de 1 de octubre, que así lo soliciten, especialmente en lo referente a la identificación y firma electrónica, presentación de solicitudes a través del registro electrónico general y obtención de copias auténticas.

12. d) Será necesario que el interesado que carezca de los medios electrónicos necesarios se identifique ante el funcionario y preste su consentimiento expreso para esta actuación, de lo que deberá quedar constancia para los casos de discrepancia o litigio.

TEST N.º 14

Ley 39/2015, de 1 de octubre de 2015, de Procedimiento administrativo común de las administraciones públicas. El acto administrativo: concepto, clases y elementos. Motivación y notificación. Eficacia de los actos administrativos

1. El contenido eventual del acto supone:

a) Que este puede estar condicionado.
b) Que se presume en todos los actos del mismo tipo.
c) Que es connatural con el acto de que se trate.
d) Su carácter reglado.

2. Cuando algo necesariamente forma parte de un acto administrativo, hablamos de contenido:

a) Natural.
b) Legal.
c) Eventual.
d) Implícito.

3. Las resoluciones administrativas que vulneren lo establecido en una disposición reglamentaria son:

a) Nulas.
b) Válidas.
c) Anulables.
d) Temporalmente válidas.

4. Las cláusulas accesorias de un acto administrativo forman parte del contenido:

a) Natural del acto.
b) Implícito del mismo.
c) Legal del acto.
d) Eventual del acto.

5. Un acto complejo es aquel:

a) En el que intervienen, sucesivamente, en virtud de la tutela administrativa, dos órganos administrativos.
b) Que se adopta por un órgano colegiado.
c) En cuyo proceso de elaboración se ha evacuado el dictamen de un órgano consultivo.
d) En cuya emisión de voluntad han de intervenir, como mínimo, dos órganos administrativos.

6. Según dispone el art. 41 LPACAP, las notificaciones se practicarán preferentemente:

a) Por la vía postal.
b) Telefónicamente.
c) Por medios electrónicos.
d) Por el medio más rápido y económico para la Administración.

7. Según provengan de un solo órgano administrativo o de dos o más órganos administrativos, los actos administrativos se clasifican en:

a) Actos únicos y actos múltiples.
b) Actos de trámite y actos complejos.
c) Actos simples y complejos.
d) Actos básicos y actos complejos.

8. El procedimiento, que es la vía a través de la cual se elabora la declaración de voluntad, deseo, conocimiento o juicio de la Administración, en que consiste el acto, es un elemento del acto administrativo de tipo:

a) Objetivo.
b) Subjetivo.
c) Formal.
d) Accidental.

9. Serán motivados, con sucinta referencia de hechos y fundamentos de derecho:

a) Los actos que se separen del criterio seguido en actuaciones precedentes o del dictamen de órganos consultivos.
b) Los actos que limiten derechos subjetivos o intereses legítimos
c) Los actos que resuelvan procedimientos de revisión de oficio de disposiciones o actos administrativos, recursos administrativos y procedimientos de arbitraje y los que declaren su inadmisión.
d) Todas las respuestas son correctas.

10. El acto administrativo está sujeto al principio de legalidad:

a) Siempre.
b) Cuando se trate de actos reglados.
c) Según los casos.
d) No necesariamente.

11. Cuando la Administración Pública actúa como persona de Derecho Privado:

a) Solo puede ser controlada por los Tribunales contencioso-administrativos.
b) No dicta actos administrativos.
c) Su actividad es puramente discrecional.
d) Puede actuar sin límite alguno, como cualquier particular.

12. El interés público convierte a los actos administrativos en:

a) Susceptibles de impugnación directa.
b) Reglados, en parte.
c) Discrecionales.
d) Nada de lo anterior.

13. Un acto general debe:

a) Publicarse.
b) Notificarse a los interesados.
c) Tener un contenido normativo.
d) Elaborarse por un órgano colegiado.

14. El acto que da fin a un expediente administrativo es un/una:

a) Propuesta.
b) Acto definitivo.
c) Informe con propuesta de resolución.
d) Acto trámite.

15. Un ejemplo de acto de trámite es un/una:

a) Decisión con que concluye el procedimiento.
b) Renuncia.
c) Informe emitido en un procedimiento.
d) Ninguno de ellos lo es.

16. Las competencias administrativas hacen referencia a/al/a las:

a) Ente administrativo de que se trate.
b) Atribuciones que por ley se conceden a una Administración Pública.
c) Atribuciones que se otorgan a un órgano administrativo.
d) Nada de lo anterior.

17. El contenido de un acto administrativo ha de ser:

a) Ilícito y determinado.
b) Posible y lícito.

c) Determinado o determinable e ilícito.
d) Imposible y lícito.

18. Las cláusulas accesorias de un acto administrativo forman parte del contenido:

a) Natural del acto.
b) Implícito del mismo.
c) Legal del acto.
d) Eventual del acto.

19. Los actos deben motivarse:

a) Siempre.
b) Nunca.
c) Cuando decidan un procedimiento.
d) Cuando la ley lo prescriba.

20. No tienen por qué motivarse los actos que:

a) Resuelvan recursos.
b) Limiten derechos subjetivos.
c) Se separen del dictamen de órganos consultivos.
d) Todos los anteriores deben motivarse.

21. En la notificación de todo acto administrativo no es necesario que conste siempre:

a) Su texto íntegro.
b) Los recursos que contra el mismo procedan.
c) Los motivos en que se basa la decisión.
d) El plazo de interposición de los recursos.

22. ¿En qué supuestos la notificación se hará por medio de un anuncio publicado en el Boletín Oficial del Estado?

a) Cuando se ignore el lugar de la notificación.
b) Cuando los interesados en un procedimiento sean conocidos.
c) Cuando intentada la notificación, no se hubiera podido practicar.
d) Las respuestas a) y c) son correctas.

23. Para que un acto tenga eficacia retroactiva es necesario que:

a) Limite derechos de los particulares.
b) Restrinja el ejercicio de facultades de los particulares.
c) Imponga deberes u obligaciones.
d) No se lesionen derechos de otras personas.

24. Cuando la notificación se practique en el domicilio del interesado, de no hallarse presente, podrá hacerse cargo de la misma cualquier persona que se encuentre en el domicilio, haga constar su identidad y sea:

a) Mayor de catorce años.
b) Mayor de dieciséis años.
c) Mayor de dieciocho años.
d) Mayor de veintiún años.

25. Cuando el Delegado Provincial de una Consejería de una Comunidad Autónoma de una Provincia concreta resuelve un recurso administrativo en materia propia de la Delegación Provincial de otra Consejería de distinta Provincia, incurre en una incompetencia:

a) Funcional y jerárquica.
b) Territorial y jerárquica.
c) Funcional y territorial.
d) Territorial exclusivamente.

26. La incompetencia en que incurre el Delegado Provincial de una Consejería de una Comunidad Autónoma de una Provincia concreta que resuelve un recurso administrativo en materia propia de la Delegación Provincial de otra Consejería de distinta Provincia, es de carácter:

a) Absoluto y relativo.
b) Absoluto.
c) Relativo.
d) Jerárquico.

27. Cuando la notificación por medios electrónicos sea de carácter obligatorio, se entenderá rechazada cuando:

a) Hayan transcurrido veinte días naturales desde la puesta a disposición de la notificación sin que se acceda a su contenido.
b) Hayan transcurrido diez días naturales desde la puesta a disposición de la notificación sin que se acceda a su contenido.
c) Hayan transcurrido diez días hábiles desde la puesta a disposición de la notificación sin que se acceda a su contenido.
d) Hayan transcurrido veinte días hábiles desde la puesta a disposición de la notificación sin que se acceda a su contenido.

28. Señala la respuesta incorrecta. Los actos administrativos serán objeto de publicación:

a) Cuando así lo establezcan las normas reguladoras de cada procedimiento.
b) Cuando lo aconsejen razones de interés público apreciadas por el órgano competente.
c) Cuando el acto tenga por destinatario a una pluralidad indeterminada de personas.
d) Siempre.

29. La notificación de un acto administrativo:

a) Suspende su eficacia hasta que se efectúe tratándose de actos generales.
b) No impide su ejecutividad una vez efectuada.
c) Suspende su eficacia una vez realizada.
d) Ha de hacerse con todo tipo de actos.

30. Señala la respuesta incorrecta. La eficacia del acto administrativo puede cesar definitivamente por:

a) El incumplimiento de la condición resolutoria a que pudiera estar sujeto.
b) El transcurso del plazo señalado en el acto, si estaba limitado en el tiempo.
c) La anulación o revocación del propio acto.
d) La desaparición de los presupuestos de hecho que motivaron que se dictase.

31. El procedimiento, que es la vía a través de la cual se elabora la declaración de voluntad, deseo, conocimiento o juicio de la Administración, en que consiste el acto, es un elemento del acto administrativo de tipo:

a) Objetivo.
b) Subjetivo.
c) Formal.
d) Accidental.

32. Serán motivados, con sucinta referencia de hechos y fundamentos de Derecho:

a) Los actos que se separen del criterio seguido en actuaciones precedentes o del dictamen de órganos consultivos.
b) Los actos que limiten derechos subjetivos o intereses legítimos.
c) Los actos que resuelvan procedimientos de revisión de oficio de disposiciones o actos administrativos, recursos administrativos y procedimientos de arbitraje y los que declaren su inadmisión.
d) Todas las respuestas son correctas.

33. Según pongan fin al expediente administrativo o formen parte del mismo, como una fase del mismo, sin tener carácter resolutivo, los actos administrativos se clasifican en:

a) Actos definitivos y actos de trámite.
b) Actos propios y actos impropios.
c) Actos básicos y actos de trámite.
d) Actos únicos y actos múltiples.

34. Según que la Administración, al dictarlos, se limite a aplicar una norma que le señala claramente la decisión a adoptar en el supuesto del hecho de que se trate, o tenga libertad en la emisión de dicho acto, pudiendo optar entre diversas alternativas que la ley le ofrece, pero sin olvidar que el fin de toda su actuación es el interés general, los actos administrativos se clasifican en:

a) Actos únicos y actos múltiples.
b) Actos de trámite y actos complejos.
c) Actos directos y actos indirectos
d) Actos reglados y actos discrecionales.

Solución al test n.º 14

1. a) Que este puede estar condicionado.

2. a) Natural.

3. a) Nulas.

4. d) Eventual del acto.

5. d) En cuya emisión de voluntad han de intervenir, como mínimo, dos órganos administrativos.

6. c) Por medios electrónicos.

7. c) Actos simples y complejos.

8. c) Formal.

9. d) Todas las respuestas son correctas.

10. a) Siempre.

11. b) No dicta actos administrativos.

12. b) Reglados, en parte.

13. a) Publicarse.

14. b) Acto definitivo.

15. c) Informe emitido en un procedimiento.

16. c) Atribuciones que se otorgan a un órgano administrativo.

17. b) Posible y lícito.

18. d) Eventual del acto.

19. d) Cuando la ley lo prescriba.

20. d) Todos los anteriores deben motivarse.

21. c) Los motivos en que se basa la decisión.

22. d) Las respuestas a) y c) son correctas.

23. d) No se lesionen derechos de otras personas.

24. a) Mayor de catorce años.

25. c) Funcional y territorial.

26. b) Absoluto.

27. b) Hayan transcurrido diez días naturales desde la puesta a disposición de la notificación sin que se acceda a su contenido.

28. d) Siempre.

29. b) No impide su ejecutividad una vez efectuada.

30. a) El incumplimiento de la condición resolutoria a que pudiera estar sujeto.

31. c) Formal.

32. d) Todas las respuestas son correctas.

33. a) Actos definitivos y actos de trámite.

34. d) Actos reglados y actos discrecionales.

TEST N.º 15

Ley 39/2015, de 1 de octubre de 2015, de Procedimiento administrativo común de las administraciones públicas. Las fases del procedimiento administrativo: iniciación, ordenación, instrucción y finalización. Dimensión temporal del procedimiento

1. Las medidas provisionales deberán ser confirmadas, modificadas o levantadas en el acuerdo de iniciación del procedimiento, que deberá efectuarse:

a) Dentro de los quince días siguientes a su adopción.
b) Dentro del mes siguiente a su adopción.
c) Dentro de los cinco días siguientes a su adopción.
d) Dentro de los tres meses siguientes a su adopción.

2. ¿Cómo se denominan los procedimientos que tienden a la realización material de una decisión anterior ya definitiva, como, por ejemplo, el procedimiento de apremio?

a) Procedimientos ejecutivos.
b) Procedimientos declarativos.
c) Procedimientos de simple gestión.
d) Procedimientos de materialización o sustanciación.

3. ¿Cuándo podrán los administrados conocer el estado de la tramitación de los procedimientos en los que tengan la condición de interesados?

a) Solo en la fase de instrucción.
b) Únicamente en la fase de alegaciones.
c) Tan solo en la fase de prueba.
d) En cualquier momento.

4. Señala qué recurso cabe contra el acuerdo de acumulación de procedimientos administrativos:

a) Recurso de alzada.
b) Recurso extraordinario de revisión.

c) Recurso de reposición, en el plazo de un mes.

d) Ningún recurso.

5. ¿Cuándo se iniciarán de oficio los procedimientos?

a) Por denuncia.

b) Por acuerdo del órgano competente.

c) Por propia iniciativa.

d) Todas las respuestas son correctas.

6. Señala la respuesta incorrecta respecto al inicio del procedimiento por denuncia:

a) Las denuncias deberán expresar la identidad de la persona o personas que las presentan y el relato de los hechos que se ponen en conocimiento de la Administración.

b) La presentación de una denuncia confiere, por sí sola, la condición de interesado en el procedimiento.

c) Cuando la denuncia invocara un perjuicio en el patrimonio de las Administraciones Públicas la no iniciación del procedimiento deberá ser motivada y se notificará a los denunciantes la decisión de si se ha iniciado o no el procedimiento.

d) Se entiende por denuncia el acto por el que cualquier persona, en cumplimiento o no de una obligación legal, pone en conocimiento de un órgano administrativo la existencia de un determinado hecho que pudiera justificar la iniciación de oficio de un procedimiento administrativo.

7. ¿En qué caso se podrá imponer una sanción sin que se haya tramitado el oportuno procedimiento?

a) En casos de urgente necesidad.

b) En situaciones excepcionales, como por ejemplo, situaciones de crisis sanitarias o epidemias.

c) Las respuestas a) y b) son correctas.

d) En ningún caso.

8. ¿Cuál de los siguientes datos no es necesario que figure en las solicitudes de iniciación del procedimiento por parte de los interesados?

a) Número de teléfono.

b) Hechos, razones y petición en que se concrete, con toda claridad, la solicitud.

c) Órgano, centro o unidad administrativa a la que se dirige y su correspondiente código de identificación.

d) Firma del solicitante o acreditación de la autenticidad de su voluntad expresada por cualquier medio.

9. Los documentos que los interesados dirijan a los órganos de las Administraciones Públicas podrán presentarse:

a) En las oficinas de Correos, en la forma que reglamentariamente se establezca.

b) En el registro electrónico de la Administración u Organismo al que se dirijan.

c) En las representaciones diplomáticas u oficinas consulares de España en el extranjero.

d) Todas las respuestas son correctas.

10. Los interesados solo podrán solicitar el inicio de un procedimiento de responsabilidad patrimonial, cuando no haya prescrito su derecho a reclamar. El derecho a reclamar prescribirá:

a) Al año de producido el hecho o el acto que motive la indemnización o se manifieste su efecto lesivo.

b) A los dos años de producido el hecho o el acto que motive la indemnización o se manifieste su efecto lesivo.

c) A los cinco años de producido el hecho o el acto que motive la indemnización o se manifieste su efecto lesivo.

d) Este derecho no prescribe.

11. ¿De acuerdo con qué principio se acordarán en un solo acto todos los trámites que, por su naturaleza, admitan un impulso simultáneo y no sea obligado su cumplimiento sucesivo?

a) Con el principio de oficialidad.

b) Con el principio de eficacia.

c) Con el principio de simplificación administrativa.

d) Con el principio de rapidez administrativa.

12. Salvo en el caso de que en la norma correspondiente se fije plazo distinto, los trámites que deban ser cumplimentados por los interesados deberán realizarse en el plazo de:

a) Siete días a partir del siguiente al de la notificación del correspondiente acto.

b) Diez días a partir del siguiente al de la notificación del correspondiente acto.

c) Quince días a partir del siguiente al de la notificación del correspondiente acto.

d) Un mes a partir del siguiente al de la notificación del correspondiente acto.

13. En cualquier momento del procedimiento, cuando la Administración considere que alguno de los actos de los interesados no reúne los requisitos necesarios, lo pondrá en conocimiento de su autor, concediéndole un plazo para cumplimentarlo:

a) De cinco días.

b) De siete días.

c) De diez días.

d) De veinte días.

14. Cuando la Administración no tenga por ciertos los hechos alegados por los interesados o la naturaleza del procedimiento lo exija, el instructor del mismo acordará la apertura de un período de prueba, a fin de que puedan practicarse cuantas juzgue pertinentes, por un plazo:

a) No superior a treinta días ni inferior a diez.

b) No superior a treinta días ni inferior a quince.

c) No superior a veinte días ni inferior a diez.
d) No superior a veinte días ni inferior a cinco.

15. Salvo disposición expresa en contrario, los informes serán:

a) Vinculantes.
b) Vinculantes y facultativos.
c) Facultativos y no vinculantes.
d) Nunca facultativos.

16. En el caso de los procedimientos de responsabilidad patrimonial será preceptivo solicitar informe al servicio cuyo funcionamiento haya ocasionado la presunta lesión indemnizable, no pudiendo exceder el plazo de su emisión de:

a) Diez días.
b) Quince días.
c) Veinte días.
d) Un mes.

17. ¿Cómo se denomina el conjunto ordenado de documentos y actuaciones que sirven de antecedente y fundamento a la resolución administrativa, así como las diligencias encaminadas a ejecutarla?

a) Dosier administrativo.
b) Acto administrativo.
c) Expediente administrativo.
d) Procedimiento administrativo.

18. Con arreglo al artículo 74 LPACAP, las cuestiones incidentales que se susciten en el procedimiento, incluso las que se refieran a la nulidad de actuaciones:

a) Suspenderán la tramitación del procedimiento.
b) No suspenderán la tramitación del procedimiento, salvo la recusación.
c) No suspenderán la tramitación del procedimiento en ningún caso.
d) Siempre que lo estime oportuno el instructor del procedimiento, y así lo motive suficientemente, suspenderá la tramitación del procedimiento.

19. ¿Cuándo podrán los interesados aducir alegaciones y aportar documentos u otros elementos de juicio?

a) En cualquier momento.
b) En cualquier momento del procedimiento posterior al trámite de audiencia.
c) En cualquier momento del procedimiento anterior al trámite de audiencia.
d) Únicamente cuando lo autorice el instructor del procedimiento.

20. Señala la respuesta incorrecta respecto a los medios y período de prueba:

a) El instructor del procedimiento solo podrá rechazar las pruebas propuestas por los interesados cuando sean manifiestamente improcedentes o innecesarias, sin necesidad de resolución motivada.

b) En los procedimientos de carácter sancionador, los hechos declarados probados por resoluciones judiciales penales firmes vincularán a las Administraciones Públicas respecto de los procedimientos sancionadores que substancien.

c) Cuando la prueba consista en la emisión de un informe de un órgano administrativo, organismo público o Entidad de derecho público, se entenderá que este tiene carácter preceptivo.

d) Cuando la valoración de las pruebas practicadas pueda constituir el fundamento básico de la decisión que se adopte en el procedimiento, por ser pieza imprescindible para la correcta evaluación de los hechos, deberá incluirse en la propuesta de resolución.

21. Cuando lo considere necesario, el instructor, a petición de los interesados, podrá decidir la apertura de un período extraordinario de prueba por un plazo:

a) No superior a diez días.
b) No superior a quince días.
c) No superior a veinte días.
d) No superior a un mes.

22. Salvo que una disposición o el cumplimiento del resto de los plazos del procedimiento permita o exija otro plazo mayor o menor, los informes serán emitidos en el plazo de:

a) Diez días.
b) Quince días.
c) Veinte días.
d) Un mes.

23. ¿De qué plazo disponen los interesados para alegar y presentar los documentos y justificaciones que estimen pertinentes?

a) De un plazo no inferior a cinco días ni superior a diez.
b) De un plazo no inferior a diez días ni superior a quince.
c) De un plazo no inferior a diez días ni superior a veinte.
d) De un plazo no inferior a diez días ni superior a un mes.

24. ¿En qué plazo deberán practicarse las actuaciones complementarias?

a) En un plazo no superior a siete días.
b) En un plazo no superior a diez días.
c) En un plazo no superior a quince días.
d) En un plazo no superior a un mes.

25. ¿Transcurrido qué plazo desde que se inició el procedimiento sin que haya recaído y se notifique resolución expresa o, en su caso, se haya formalizado el acuerdo, podrá entenderse que la resolución es contraria a la indemnización del particular?

a) Transcurrido un mes.
b) Transcurridos tres meses.
c) Transcurridos seis meses.
d) Transcurrido un año.

26. A tenor del artículo 92 LPACAP, en el ámbito de la Administración General del Estado, los procedimientos de responsabilidad patrimonial se resolverán por:

a) El Ministro respectivo.
b) El Presidente del Gobierno.
c) El Consejo de Ministros.
d) Las respuestas a) y c) son correctas.

27. Señale la respuesta incorrecta respecto al desistimiento y renuncia por los interesados:

a) Si el escrito de iniciación se hubiera formulado por dos o más interesados, el desistimiento o la renuncia afectará a todos los que la hubiesen formulado.
b) Todo interesado podrá desistir de su solicitud o, cuando ello no esté prohibido por el ordenamiento jurídico, renunciar a sus derechos.
c) Si la cuestión suscitada por la incoación del procedimiento entrañase interés general o fuera conveniente sustanciarla para su definición y esclarecimiento, la Administración podrá limitar los efectos del desistimiento o la renuncia al interesado y seguirá el procedimiento.
d) Tanto el desistimiento como la renuncia podrán hacerse por cualquier medio que permita su constancia, siempre que incorpore las firmas que correspondan de acuerdo con lo previsto en la normativa aplicable.

28. La Administración aceptará de plano el desistimiento o la renuncia, y declarará concluso el procedimiento salvo que, habiéndose personado en el mismo terceros interesados, instasen estos su continuación en el plazo de:

a) Un mes desde que fueron notificados del desistimiento o renuncia.
b) Veinte días desde que fueron notificados del desistimiento o renuncia.
c) Quince días desde que fueron notificados del desistimiento o renuncia.
d) Diez días desde que fueron notificados del desistimiento o renuncia.

29. En los procedimientos iniciados a solicitud del interesado, cuando se produzca su paralización por causa imputable al mismo, la Administración le advertirá que se producirá la caducidad del procedimiento, transcurrido:

a) Un mes.
b) Tres meses.

c) Seis meses.

d) Un año.

30. ¿En qué momento el órgano competente podrá abrir un periodo de información o actuaciones previas con el fin de conocer las circunstancias del caso concreto?

a) Tras el periodo de prueba.

b) Justo antes de la resolución.

c) Con anterioridad al inicio del procedimiento.

d) En la fase de instrucción.

31. Señala la respuesta correcta respecto al cómputo de plazos:

a) Salvo que por ley o en el Derecho de la Unión Europea se disponga otro cómputo, cuando los plazos se señalen por horas, se entiende que estas son naturales.

b) Siempre que por ley o en el Derecho de la Unión Europea no se exprese otro cómputo, cuando los plazos se señalen por días, se entiende que estos son naturales, incluyéndose en el cómputo los sábados, los domingos y los declarados festivos.

c) Los plazos expresados en días se contarán desde el mismo día en que tenga lugar la notificación o publicación del acto de que se trate, o desde el siguiente a aquel en que se produzca la estimación o la desestimación por silencio administrativo.

d) Cuando un día fuese hábil en el municipio o Comunidad Autónoma en que residiese el interesado, e inhábil en la sede del órgano administrativo, o a la inversa, se considerará inhábil en todo caso.

32. Señala la respuesta incorrecta respecto al cómputo de los plazos:

a) Cuando los plazos se hayan señalado por días naturales por declararlo así una ley o por el Derecho de la Unión Europea, se hará constar esta circunstancia en las correspondientes notificaciones.

b) Cuando el último día del plazo sea inhábil, se entenderá prorrogado al primer día hábil siguiente.

c) Los plazos expresados por horas se contarán de hora en hora y de minuto en minuto desde la hora y minuto en que tenga lugar la notificación o publicación del acto de que se trate y no podrán tener una duración superior a veinticuatro horas, en cuyo caso se expresarán en días.

d) La declaración de un día como hábil o inhábil a efectos de cómputo de plazos determina por sí sola el funcionamiento de los centros de trabajo de las Administraciones Públicas, la organización del tiempo de trabajo así como el régimen de jornada y horarios de las mismas.

33. El registro electrónico permite la presentación de documentos:

a) De lunes a viernes de 8 a 15 horas.

b) De lunes a viernes de 8 a 21 horas.

c) Todos los días del año de 8 a 21 horas.

d) Todos los días del año durante las veinticuatro horas.

34. ¿En qué caso podrá ser objeto de ampliación un plazo ya vencido?

a) En los procedimientos tramitados por las misiones diplomáticas y oficinas consulares.
b) En aquellos que, sustanciándose en el interior, exijan cumplimentar algún trámite en el extranjero o en los que intervengan interesados residentes fuera de España.
c) Siempre que así lo considere oportuno, y lo fundamente, el Instructor del procedimiento.
d) En ningún caso.

35. Cuando razones de interés público lo aconsejen, se podrá acordar, de oficio o a petición del interesado, la aplicación al procedimiento de la tramitación de urgencia, por la cual se reducirán a la mitad los plazos establecidos para el procedimiento ordinario, salvo:

a) Los relativos a la presentación de solicitudes.
b) Los relativos a la presentación de recursos.
c) Las respuestas a) y b) son correctas.
d) Ninguna respuesta es correcta.

36. ¿Qué recurso cabe contra el acuerdo que declare la aplicación de la tramitación de urgencia al procedimiento?

a) Recurso de alzada.
b) Recurso extraordinario de revisión.
c) Recurso de reposición, en el plazo de un mes.
d) Ningún recurso.

Solución al test n.º 15

1. a) Dentro de los quince días siguientes a su adopción.

2. a) Procedimientos ejecutivos.

3. d) En cualquier momento.

4. d) Ninguno de los recursos anteriores.

5. d) Todas las respuestas son correctas.

6. b) La presentación de una denuncia confiere, por sí sola, la condición de interesado en el procedimiento.

7. d) En ningún caso.

8. a) Número de teléfono.

9. d) Todas las respuestas son correctas.

10. a) Al año de producido el hecho o el acto que motive la indemnización o se manifieste su efecto lesivo.

11. c) Con el principio de simplificación administrativa.

12. b) Diez días a partir del siguiente al de la notificación del correspondiente acto.

13. c) De diez días.

14. a) No superior a treinta días ni inferior a diez.

15. c) Facultativos y no vinculantes.

16. a) Diez días.

17. c) Expediente administrativo.

18. b) No suspenderán la tramitación del procedimiento, salvo la recusación.

19. c) En cualquier momento del procedimiento anterior al trámite de audiencia.

20. a) El instructor del procedimiento solo podrá rechazar las pruebas propuestas por los interesados cuando sean manifiestamente improcedentes o innecesarias, sin necesidad de resolución motivada.

21. a) No superior a diez días.

22. a) Diez días.

23. b) De un plazo no inferior a diez días ni superior a quince.

24. c) En un plazo no superior a quince días.

25. c) Transcurridos seis meses.

26. d) Las respuestas a) y c) son correctas.

27. a) Si el escrito de iniciación se hubiera formulado por dos o más interesados, el desistimiento o la renuncia afectará a todos los que la hubiesen formulado.

28. d) Diez días desde que fueron notificados del desistimiento o renuncia.

29. b) Tres meses.

30. c) Con anterioridad al inicio del procedimiento.

31. d) Cuando un día fuese hábil en el municipio o Comunidad Autónoma en que residiese el interesado, e inhábil en la sede del órgano administrativo, o a la inversa, se considerará inhábil en todo caso.

32. d) La declaración de un día como hábil o inhábil a efectos de cómputo de plazos determina por sí sola el funcionamiento de los centros de trabajo de las Administraciones Públicas, la organización del tiempo de trabajo así como el régimen de jornada y horarios de las mismas.

33. d) Todos los días del año durante las veinticuatro horas.

34. d) En ningún caso.

35. c) Las respuestas a) y b) son correctas.

36. d) Ningún recurso.

TEST N.º 16

Ley 39/2015, de 1 de octubre de 2015, de Procedimiento administrativo común de las administraciones públicas. Invalidación de los actos administrativos. Revisión de oficio de los actos administrativos

1. La regla general cuando un acto infringe el ordenamiento jurídico es:

a) Su anulabilidad.
b) Su validez temporal.
c) Su nulidad relativa.
d) Las respuestas a) y c) son correctas.

2. Los efectos de una declaración de nulidad absoluta se producen desde:

a) Que se notifica el acto anulatorio.
b) El momento de la declaración de la nulidad.
c) La notificación o publicación del acto anulatorio, según los casos.
d) Que se dictó el acto anulado.

3. La presunción de legitimidad de los actos administrativos:

a) No admite prueba en contrario.
b) Dependerá de lo que el propio acto establezca.
c) Puede ser objeto de impugnación por el particular.
d) Solo se da cuando la ley expresamente lo diga.

4. Los supuestos de nulidad absoluta de actos administrativos:

a) Son la regla general en nuestro Derecho.
b) Son los recogidos en el artículo 47 de la Ley 39/2015, de 1 de octubre, del Procedimiento Administrativo Común de las Administraciones Públicas, exclusivamente.
c) Pueden establecerse expresamente por una disposición con rango de ley.
d) Son solo los del artículo 47 citado y de otras leyes formales.

5. Los defectos formales en un acto, según reconoce expresamente la ley:

a) Lo vician con nulidad absoluta.
b) Lo vician con anulabilidad en todo caso.
c) Pueden dar lugar a la nulidad absoluta si producen indefensión.
d) Pueden dar lugar a la anulabilidad si producen indefensión.

6. La Administración Pública podrá convalidar un acto:

a) Si el vicio consiste en incompetencia jerárquica.
b) Si el vicio consiste en incompetencia funcional.
c) Si el vicio consiste en incompetencia territorial.
d) En ninguno de los anteriores casos.

7. La Administración Pública no podrá convalidar un acto si el vicio consiste en:

a) Incompetencia jerárquica.
b) La falta de una autorización.
c) Incompetencia funcional.
d) La omisión de un informe facultativo.

8. La revocación por la Administración Pública de un acto administrativo de gravamen o no declarativo de derechos:

a) Ha de efectuarse a instancia de los particulares.
b) Está prohibida.
c) Se podrá revocar mientras que no haya transcurrido el plazo de prescripción, siempre que no constituya dispensa o exención no permitida por las leyes, o sea contraria al principio de igualdad, al interés público o al ordenamiento jurídico.
d) Requiere previo dictamen del Consejo de Estado.

9. En la Administración Local (en concreto, en un Ayuntamiento), la declaración de lesividad de un acto se efectúa a través del/de la:

a) Presidente de la Corporación Local.
b) Junta de Gobierno Local.
c) Pleno.
d) Cualquiera de los anteriores.

10. Un acto anulable, ¿puede ser revisado de oficio por la Administración Pública, una vez transcurridos cuatro años desde que se dictó?

a) Sí, cuando así lo dictamine el Consejo de Estado.
b) No.
c) Sí, cuando incurra en nulidad de pleno derecho y así lo dictamine el Consejo de Estado.
d) Sí, cuando la ilegalidad sea manifiesta y así lo dictamine el Consejo de Estado.

11. Entre los límites de la revisión de los actos administrativos se encuentra:

a) La prescripción de la acción.
b) Su ilegalidad manifiesta.
c) Que atente a derechos subjetivos.
d) Que incurra en nulidad de pleno derecho.

12. Cuando el acto administrativo presenta un vicio que no le hace incurrir en nulidad absoluta ni en anulabilidad, se considera:

a) Irregular.
b) Defectuoso.
c) Inválido.
d) Viciado.

Solución al test n.º 16

1. d) Las respuestas a) y c) son correctas.

2. d) Que se dictó el acto anulado.

3. c) Puede ser objeto de impugnación por el particular.

4. c) Pueden establecerse expresamente por una disposición con rango de ley.

5. d) Pueden dar lugar a la anulabilidad si producen indefensión.

6. a) Si el vicio consiste en incompetencia jerárquica.

7. c) Incompetencia funcional.

8. c) Se podrá revocar mientras que no haya transcurrido el plazo de prescripción, siempre que no constituya dispensa o exención no permitida por las leyes, o sea contraria al principio de igualdad, al interés público o al ordenamiento jurídico.

9. c) Pleno.

10. b) No.

11. a) La prescripción de la acción.

12. a) Irregular.

TEST N.º 17

Ley 39/2015, de 1 de octubre de 2015, de Procedimiento administrativo común de las administraciones públicas: Los recursos administrativos

1. El recurso de alzada contra actos que no agotan la vía administrativa es:

a) Extraordinario.
b) La regla general.
c) Especial.
d) Inexistente.

2. La *reformatio in peius*, en materia de recursos:

a) Se admite como regla general.
b) Solo se permite en materia sancionadora.
c) Se admite cuando el recurso está claramente infundado.
d) Está expresamente prohibida.

3. Cuando hayan de tenerse en cuenta nuevos hechos o documentos no recogidos en el expediente originario, se pondrán de manifiesto a los interesados para que formulen las alegaciones que estimen procedentes, en un plazo:

a) No inferior a diez días ni superior a quince.
b) De veinte días.
c) No inferior a cinco días ni superior a veinte.
d) De treinta días.

4. La resolución de un recurso:

a) Debe circunscribirse a lo solicitado por el recurrente.
b) Resolverá cuantas cuestiones se deduzcan del expediente.
c) No es necesario que se motive.
d) Debe aceptar las razones en que se fundamente el propio recurso.

5. Si el acto fuera expreso, el plazo para la interposición del recurso de reposición será de:

a) Tres meses.
b) Diez días.
c) Quince días.
d) Un mes.

6. El recurso de alzada contra actos que no agotan la vía administrativa es:

a) Extraordinario.
b) La regla general.
c) Especial.
d) Inexistente.

7. El recurso de reposición contra actos que no agotan la vía administrativa es:

a) Ordinario.
b) Extraordinario.
c) Especial.
d) Inexistente.

8. El recurso de alzada se presentará:

a) Ante el superior jerárquico del órgano que dictó el acto.
b) Ante el Tribunal contencioso competente.
c) Ante el órgano que dictó el acto.
d) Indistintamente, ante el órgano que dictó el acto o el superior jerárquico que deba decidirlo.

9. La resolución presunta del recurso de alzada se dará, si no recae resolución, al/a los:

a) Quince días de interponerlo.
b) Mes de su interposición.
c) Tres meses desu interposición.
d) En cualquier momento a partir del día siguiente a aquel en que, de acuerdo con su normativa específica, se produzcan los efectos del silencio administrativo.

10. El silencio administrativo en el recurso de alzada puede ser positivo en el siguiente caso:

a) Cuando el recurso se presentó contra un acto presunto desestimatorio de la solicitud del ciudadano.
b) Cuando perjudique al ciudadano.

c) Siempre que beneficie al interés público.

d) En ningún supuesto es positivo.

11. El recurso extraordinario de revisión se interpone contra:

a) Cualquier acto administrativo.

b) Actos que no agotan la vía administrativa.

c) Los actos que agotan la vía administrativa.

d) Los actos firmes exclusivamente.

12. La terminación presunta del recurso extraordinario de revisión se dará:

a) A los tres meses de su interposición.

b) Al mes de su interposición.

c) No cabe.

d) Solo en el supuesto de que se base en manifiesto error de derecho.

13. El recurso extraordinario de revisión por manifiesto error de hecho debe plantearse:

a) A los tres meses desde que se produjo.

b) A los cuatro años desde que se conoció.

c) Dentro de los cuatro años desde la notificación del acto.

d) No puede darse nunca aisladamente.

14. Se han reinstaurado las reclamaciones económico-administrativas, como recurso administrativo propio, en los/las:

a) Corporaciones Locales en general.

b) Municipios de régimen común.

c) Municipios de gran población.

d) Diputaciones Provinciales cuando gestionen los tributos de los Municipios de la Provincia.

15. Para plantear un recurso administrativo:

a) Hay que tener capacidad jurídica, sin requerirse la capacidad de obrar.

b) Basta con la capacidad de obrar.

c) Se requiere, siempre, ser titular de un derecho subjetivo afectado por el acto que se recurre.

d) Puede hacerlo quien ostente la condición de interesado.

16. Se puede sustituir en determinados supuestos por procedimientos de mediación y arbitraje el:

a) Recurso de alzada.

b) Recurso de revisión.

c) Recurso de reposición.
d) Las respuestas a) y c) son ciertas.

17. Cuando una persona interpone un recurso de alzada denominándolo como recurso de revisión:

a) Deberá desestimarse el recurso por improcedente.
b) Deberá notificársele el error para que lo subsane.
c) No se admitirá el recurso.
d) Deberá resolverse, si del propio recurso se deduce su carácter.

18. Como consecuencia del principio de congruencia, al resolver un recurso, la Administración Pública:

a) Podrá agravar la situación inicial del recurrente.
b) Deberá ajustarse a las peticiones del recurrente.
c) Lo desestimará, manteniendo el acto administrativo.
d) Solo decidirá sobre las cuestiones planteadas por el recurrente sin entrar en otras que deriven del procedimiento.

19. Pone fin a la vía administrativa un acto de un Director General de un Ministerio en la siguiente materia en la que tenga competencia:

a) Cualquier materia.
b) Una materia que esté descentralizada.
c) De personal.
d) En ningún caso sus actos ponen fin a esta vía administrativa.

20. El recurso de revisión es:

a) Unitario.
b) Ordinario.
c) Especial.
d) Extraordinario.

Solución al test n.º 17

1. b) La regla general.

2. d) Está expresamente prohibida.

3. a) No inferior a diez días ni superior a quince.

4. b) Resolverá cuantas cuestiones se deduzcan del expediente.

5. d) Un mes.

6. b) La regla general.

7. d) Inexistente.

8. d) Indistintamente, ante el órgano que dictó el acto o el superior jerárquico que deba decidirlo.

9. c) Tres meses de su interposición.

10. a) Cuando el recurso se presentó contra un acto presunto desestimatorio de la solicitud del ciudadano.

11. d) Los actos firmes exclusivamente.

12. a) A los tres meses de su interposición.

13. c) Dentro de los cuatro años desde la notificación del acto.

14. c) Municipios de gran población.

15. d) Puede hacerlo quien ostente la condición de interesado.

16. d) Las respuestas a) y c) son ciertas.

17. d) Deberá resolverse, si del propio recurso se deduce su carácter.

18. b) Deberá ajustarse a las peticiones del recurrente.

19. c) De personal.

20. d) Extraordinario.

Ley 40/2015, de 1 de octubre del régimen jurídico del sector público. Capítulo V Funcionamiento electrónico del sector público. La Sede electrónica. Portal de Internet. Sistemas de identificación de las Administraciones Públicas. Actuación administrativa automatizada. Sistemas de firma para la actuación administrativa automatizada. Firma electrónica del personal al servicio de las administraciones públicas. Intercambio electrónico de datos en entornos cerrados de comunicación. Aseguramiento e interoperabilidad de la firma electrónica. Archivo electrónico de documentos

1. ¿Cuál es el órgano técnico de cooperación de la Administración General del Estado, de las Administraciones de las Comunidades Autónomas y de las Entidades Locales en materia de administración electrónica?

a) El Consejo Técnico de Cooperación de administración electrónica.
b) La Comisión Sectorial de administración electrónica.
c) La Conferencia Sectorial de Administración Pública.
d) El Comité Sectorial de administración electrónica.

2. ¿De quién depende la Comisión Sectorial de Administración Electrónica a tenor de la Ley 40/2015, de 1 de octubre, de Régimen Jurídico del Sector Público?

a) De la Federación Española de Municipios y Provincias.
b) De la Secretaría General de Administración Digital.
c) De la Conferencia Sectorial de Administración Pública.
d) Del Secretario General de Administración Digital del Ministerio para la Transformación Digital y de la Función Pública.

3. Señala una de las funciones que desarrolla la Comisión Sectorial de la administración electrónica:

a) Impulsar el desarrollo de la administración electrónica en España.
b) Asegurar la cooperación entre las Administraciones Públicas para proporcionar información administrativa clara, actualizada e inequívoca.

c) Asegurar la compatibilidad e interoperabilidad de los sistemas y aplicaciones empleados por las Administraciones Públicas.

d) Todas las respuestas son correctas.

4. ¿Cómo se denomina, a tenor del art. 39 de la Ley 40/2015, de 1 de octubre, de Régimen Jurídico del Sector Público, al punto de acceso electrónico cuya titularidad corresponda a una Administración Pública, organismo público o entidad de Derecho Público que permite el acceso a través de internet a la información publicada y, en su caso, a la sede electrónica correspondiente?

a) Portal web.

b) Punto de acceso de internet.

c) Portal electrónico digital.

d) Portal de internet.

5. ¿Dónde se regulan los aspectos estrictamente procedimentales del funcionamiento electrónico del sector público?

a) En la Ley 39/2015, de 1 de octubre, del Procedimiento Administrativo Común de las Administraciones Públicas.

b) En la Ley 40/2015, de 1 de octubre, de Régimen Jurídico del Sector Público.

c) En la Ley 56/2007, de 28 de diciembre, de Medidas de Impulso de la Sociedad de la Información.

d) En la Ley 6/2020, de 11 de noviembre, reguladora de determinados aspectos de los servicios electrónicos de confianza.

6. ¿Cuál de los siguientes datos deberán de incluir los certificados electrónicos que utilicen las Administraciones Públicas para identificarse mediante el uso de un sello electrónico?

a) La denominación correspondiente.

b) El número de identificación fiscal.

c) La identidad de la persona titular en el caso de los sellos electrónicos de órganos administrativos.

d) Todas las respuestas anteriores son correctas.

7. Cualquier acto o actuación realizada íntegramente a través de medios electrónicos por una Administración Pública en el marco de un procedimiento administrativo y en la que no haya intervenido de forma directa un empleado público, se denomina a tenor del art. 41 de la Ley 40/2015, de 1 de octubre, de Régimen Jurídico del Sector Público, como:

a) Actuación administrativa electrónica.

b) Actuación administrativa digital.

c) Actuación administrativa automatizada.

d) Actuación administrativa virtual.

8. Señala la respuesta incorrecta respecto al intercambio electrónico de datos en entornos cerrados de comunicación:

a) Cuando los participantes en las comunicaciones pertenezcan a una misma Administración Pública, esta determinará las condiciones y garantías por las que se regirá.

b) Deberá garantizarse en todo caso la seguridad del entorno cerrado de comunicaciones y la protección de los datos que se transmitan.

c) Serán considerados válidos a efectos de autenticación los documentos electrónicos transmitidos en entornos cerrados de comunicaciones establecidos entre Administraciones Públicas, órganos, organismos públicos y entidades de derecho público, aunque no lo serán a efectos de identificación de los emisores y receptores.

d) Cuando los participantes pertenezcan a distintas Administraciones, las condiciones y garantías para el intercambio electrónico de datos se establecerán mediante convenio suscrito entre aquellas.

9. Los medios o soportes en que se almacenen documentos, deberán contar con medidas de seguridad, de acuerdo con lo previsto en el Esquema Nacional de Seguridad, que garanticen respecto de los documentos almacenados:

a) La integridad, autenticidad, confidencialidad, seguridad y conservación de los documentos.

b) La integridad, autenticidad, confidencialidad, calidad, garantía y conservación de los documentos.

c) La integridad, autenticidad, confidencialidad, calidad, protección y conservación de los documentos.

d) La invulnerabilidad, autenticidad, confidencialidad, calidad, seguridad y conservación de los documentos.

10. Señala la respuesta incorrecta en relación con la sede electrónica:

a) La sede electrónica es aquella dirección electrónica, disponible para los ciudadanos a través de redes de telecomunicaciones, cuya titularidad corresponde a una Administración Pública, o bien a una o varios organismos públicos o entidades de Derecho Público en el ejercicio de sus competencias.

b) El establecimiento de una sede electrónica conlleva la responsabilidad del titular respecto de la integridad, veracidad y actualización de la información y los servicios a los que pueda accederse a través de la misma.

c) Las sedes electrónicas dispondrán de sistemas que permitan el establecimiento de comunicaciones seguras siempre que sean necesarias.

d) Las sedes electrónicas no utilizarán, para identificarse y garantizar una comunicación segura con las mismas, certificados de autenticación de sitio web o medio equivalente.

Solución al test n.º 18

1. b) La Comisión Sectorial de administración electrónica.

2. c) De la Conferencia Sectorial de Administración Pública.

3. d) Todas las respuestas son correctas.

4. d) Portal de internet.

5. a) En la Ley 39/2015, de 1 de octubre, del Procedimiento Administrativo Común de las Administraciones Públicas.

6. d) Todas las respuestas anteriores son correctas.

7. c) Actuación administrativa automatizada.

8. c) Serán considerados válidos a efectos de autenticación los documentos electrónicos transmitidos en entornos cerrados de comunicaciones establecidos entre Administraciones Públicas, órganos, organismos públicos y entidades de derecho público, aunque no lo serán a efectos de identificación de los emisores y receptores.

9. c) La integridad, autenticidad, confidencialidad, calidad, protección y conservación de los documentos.

10. d) Las sedes electrónicas no utilizarán, para identificarse y garantizar una comunicación segura con las mismas, certificados de autenticación de sitio web o medio equivalente.

TEST N.º 19

Funcionamiento de los órganos colegiados locales: régimen de sesiones y acuerdos. Actas y certificaciones de acuerdos. Las resoluciones del presidente de la corporación

1. Atendiendo a su finalidad fundamental, puede definirse la sesión como:

a) Un acto más del procedimiento.
b) Una reunión de los miembros de la Corporación.
c) Un procedimiento que tiene por objeto la formación y declaración de voluntad del órgano colegiado.
d) Una conferencia expositiva.

2. Las sesiones pueden ser:

a) Ordinarias y extraordinarias.
b) Ordinarias y permanentes.
c) Permanentes y especiales.
d) Ordinarias, extraordinarias y extraordinarias urgentes.

3. La periodicidad de las sesiones extraordinarias es:

a) Como mínimo cada mes en los Ayuntamientos de municipios de más de 20.000 habitante.
b) Cada dos meses en los Ayuntamientos de los municipios de una población entre 5.001 habitantes y 20.000 habitantes.
c) Las sesiones extraordinarias no están sujetas a periodicidad.
d) Cada tres meses en los municipios de hasta 5.000 habitantes.

4. Si el Presidente no convocase el Pleno extraordinario solicitado por la cuarta parte, al menos, del número legal de miembros de la Corporación dentro del plazo de quince días hábiles desde que fuera solicitado:

a) Quedará automáticamente convocado para el décimo día hábil siguiente al de la finalización de dicho plazo, a las once horas.
b) Quedará automáticamente convocado para el undécimo día hábil siguiente al de la finalización de dicho plazo, a las doce horas.

c) Quedará automáticamente convocado para el décimo día hábil siguiente al de la finalización de dicho plazo, a las doce horas.

d) Ninguna respuesta es correcta.

5. La convocatoria de las sesiones dará lugar a la apertura del correspondiente expediente, en el que no deberá constar:

a) La constancia de las tasas que procedan.

b) La relación de expedientes conclusos.

c) La fijación del Orden del Día.

d) Minuta del Acta.

6. En el Orden del Día de las sesiones ordinarias se incluirá el punto de ruegos y preguntas:

a) De todos los asistentes.

b) Siempre.

c) De las asociaciones de vecinos.

d) En determinados casos.

7. ¿Es posible habilitarse otro edificio o local para la celebración de las sesiones?

a) En los casos de fuerza mayor.

b) En ningún caso.

c) Se celebrarán en la Casa Consistorial y si no es posible se suspenderá la sesión.

d) En todo caso, se celebrarán en Palacio Provincial o sede de la Corporación de que se trate.

8. Quien se considere aludido por una intervención podrá solicitar del Alcalde o Presidente:

a) La concesión de un turno por alusiones por tiempo de tres minutos.

b) Retirarse de la sesión.

c) Que se conceda un turno por alusiones, que será breve y conciso.

d) La concesión de un turno por alusiones por tiempo de cinco minutos.

9. ¿En qué consiste la moción?

a) Es la propuesta sometida a Pleno tras el estudio del expediente por la Comisión Informativa.

b) Es la propuesta que se somete a Pleno relativa a un asunto incluido en el Orden del Día sin haber pasado por la Comisión Informativa.

c) Es la propuesta que se somete directamente a conocimiento del Pleno, sobre un asunto no comprendido en el Orden del Día y que no tiene cabida en el punto de ruegos y preguntas.

d) Es la propuesta de modificación de un dictamen formulada por un miembro de la Comisión Informativa.

10. La votación podrá ser:

a) Por nombre y apellidos o por partido político.
b) Nominal, secreta y en voz alta.
c) Secreta y no secreta.
d) Nominal, secreta y ordinaria.

11. La votación secreta:

a) Podrá utilizarse para la aprobación de las Ordenanzas.
b) Solo podrá utilizarse para elección o destitución de personas.
c) Solo podrá utilizarse para la aprobación del Presupuesto.
d) Solo podrá utilizarse para el despido del personal laboral.

12. En los municipios de gran población no se exigirá el voto favorable de la mayoría absoluta del número legal de miembros del Pleno para:

a) La concertación de las operaciones de crédito.
b) Los acuerdos relativos a la participación en organizaciones supramunicipales.
c) La aprobación y modificación de los reglamentos de naturaleza orgánica.
d) Los acuerdos relativos a la delimitación y alteración del término municipal.

13. En los municipios de régimen de gran población se exigirá el voto favorable de la mayoría absoluta del número legal de miembros del Pleno para:

a) La determinación de los recursos propios de carácter tributario.
b) La alteración del nombre y de la capitalidad del municipio.
c) Las dos anteriores son correctas.
d) la aprobación y modificación de los presupuestos.

14. La enajenación de bienes, cuando su cuantía exceda del 20 % de los recursos ordinarios de su presupuesto requerirá:

a) Mayoría simple.
b) Mayoría de dos tercios.
c) Mayoría absoluta.
d) Mayoría de un tercio.

15. Cuando las resoluciones administrativas se dicten por delegación:

a) Se deberá dictar una resolución posterior por la Autoridad delegante.
b) Se acompañará de copia del acuerdo de delegación.
c) Podrá ser revocada en cualquier momento.
d) Se hará constar expresamente esta circunstancia y se considerarán dictadas por la Autoridad que la haya conferido.

16. No se hará constar en el Acta levantada por el Secretario:

a) Día, mes y año.
b) Edad de los miembros asistentes.
c) Asuntos examinados.
d) Hora en que el Presidente levante la sesión.

17. Las certificaciones de todos los actos, resoluciones y acuerdos de los órganos de gobierno de la Entidad:

a) Se expedirán siempre por el Secretario.
b) Se expedirán siempre por el Concejal-Secretario.
c) Se expedirán siempre por el Presidente.
d) Se expedirán siempre por el Secretario, salvo precepto expreso que disponga otra cosa.

18. El Alcalde y el Presidente de la Diputación darán cuenta sucinta a la Corporación, de las resoluciones que hubieren adoptado desde la última sesión plenaria ordinaria:

a) En cada sesión ordinaria del Pleno.
b) En cada sesión de la Junta de Gobierno.
c) En cada sesión convocada al efecto.
d) En cualquier sesión del Pleno.

19. El responsable de que se remita a los representantes de la Administración General del Estado y de la Comunidad Autónoma un extracto de los actos y acuerdos de una Corporación es, de forma mediata, el:

a) Presidente.
b) El Interventor.
c) Notificador.
d) Jefe de cada Dependencia.

20. Las certificaciones de los asientos de los Libros del Registro General las autoriza:

a) El Presidente.
b) El Secretario.
c) No son posibles.
d) El Encargado del Registro.

21. La determinación de la periodicidad de las sesiones plenarias ordinarias se acuerda por el:

a) Propio Pleno en la sesión constitutiva.
b) Alcalde o Presidente.
c) Pleno, con un mínimo de una al mes.
d) Pleno en sesión extraordinaria.

22. Puede pedir la celebración de sesión extraordinaria y debe, por ello, convocarse:

a) Un tercio del número de hecho de miembros de la Corporación.
b) Un tercio del número legal de miembros de la misma.
c) Una cuarta parte de este último número.
d) La décima parte de los mismos.

23. La celebración de una sesión extraordinaria solicitada legalmente, en principio, no debe demorarse, desde que se solicitó, por más de:

a) Cuatro días hábiles.
b) Dos meses.
c) Quince días hábiles.
d) Cuando lo estime oportuno el Alcalde, sin límite de tiempo.

24. Las sesiones extraordinarias se convocarán como mínimo:

a) Dos días naturales antes.
b) Veinticuatro horas antes.
c) Dos días hábiles antes.
d) No se requiere plazo alguno.

25. Las sesiones extraordinarias urgentes deben convocarse con una antelación mínima de:

a) Cuatro días.
b) Dos días naturales.
c) Dos días hábiles.
d) Nada de lo anterior es cierto.

26. Debe motivarse la convocatoria de:

a) Todas las sesiones.
b) Las ordinarias.
c) Las extraordinarias.
d) Ninguna de ellas.

27. Las sesiones que deben comenzar con un pronunciamiento sobre su urgencia son:

a) Todas.
b) Las extraordinarias.
c) Las ordinarias.
d) Las extraordinarias urgentes.

28. El orden del día de las sesiones:

a) Se adjunta a la convocatoria.
b) Se incluye en esta.
c) Se entrega antes de comenzar la sesión, una vez constituida.
d) Ninguna de las respuestas anteriores es correcta.

29. Pueden solicitar que un asunto se estudie en una sesión de Pleno sin haber sido dictaminado por la Comisión Informativa respectiva:

a) Solo el Alcalde.
b) Las Comisiones Informativas.
c) Los Portavoces de los Grupos Políticos.
d) Cualquier Concejal.

30. Se requiere ratificación de la inclusión de un asunto en el Orden del Día:

a) En caso de que se lleve por urgencias.
b) Si no se ha dictaminado previamente por la Comisión pertinente.
c) En los dos casos anteriores.
d) En cualquier caso.

31. Los ruegos y preguntas se incluyen en las sesiones:

a) De todo tipo.
b) Ordinarias.
c) Extraordinarias.
d) Urgentes.

32. La declaración de urgencia de un asunto no incluido en el orden del día requiere:

a) Decreto del Presidente.
b) Que sea sesión extraordinaria.
c) Mayoría absoluta del número legal de miembros.
d) Informe del Secretario General.

33. Un acuerdo sobre un asunto urgente que no haya sido considerado tal es:

a) Irregular.
b) Válido.
c) Nulo.
d) Anulable.

34. Puede redactarse en catalán una convocatoria u orden del día:

a) En cualquier caso.
b) Cuando así lo acuerde la propia Corporación.

c) En cualquier sesión de una Corporación Local.

d) Cuando sea lengua oficial.

35. Para declarar secreto el debate de un asunto en un Pleno se requiere:

a) Decreto del Alcalde o Presidente.

b) Que así se fije en la convocatoria.

c) Que lo acuerde la mayoría de los miembros.

d) Que se acuerde por mayoría absoluta de estos.

36. Para celebrar una sesión fuera de la sede de la Corporación se requiere:

a) Resolución de la Presidencia.

b) Acuerdo del órgano de que se trate.

c) Caso fortuito.

d) Nada de lo anterior, pues puede hacerse en cualquier caso y momento.

37. Terminar una sesión el mismo día en que comienza es:

a) Obligatorio.

b) La regla general.

c) Lo anormal.

d) Preceptivo en las ordinarias.

38. Como regla general, el mínimo de quórum para constituir válidamente el Pleno es de:

a) Un tercio del número legal de miembros.

b) Asistencia del Presidente y el Secretario, exclusivamente.

c) Tres miembros.

d) Depende de la convocatoria en que se celebra.

39. Si no hay quórum en la constitución de una sesión del Pleno se:

a) Celebra media hora después.

b) Celebra con carácter deliberante.

c) Convoca a la misma hora dos días después.

d) Entiende automáticamente convocada, a la misma hora, dos días después.

40. Si una vez constituida la sesión, quedaran menos de tres miembros en la misma se:

a) Levanta la misma.

b) Adoptan acuerdos que no requieran mayoría cualificada.

c) Puede adoptar cualquier acuerdo.

d) Entiende convocada la sesión dos días después.

41. Deben comunicarse a la Alcaldía las ausencias del término municipal de un Concejal que excedan de:

a) Dos días.
b) Un día.
c) Ocho días.
d) No es necesario hacerlo.

42. El Alcalde de un Municipio con población de trescientos mil habitantes puede sancionar a los miembros que no asistan a las sesiones con:

a) Separación del cargo.
b) Reprobación oficial.
c) Multa.
d) Suspensión provisional.

43. Un miembro no puede hacer uso de la palabra en una sesión:

a) Extraordinaria del Pleno o de la Junta de Gobierno Local.
b) Salvo por su Portavoz.
c) Cuando se vote.
d) Puede hacerlo en cualquier momento.

44. Las interrupciones en las sesiones del Pleno:

a) Solo se dan para que pueda informar un particular sobre un asunto concreto.
b) Están prohibidas.
c) Las señala discrecionalmente el Presidente de la sesión.
d) Se realizan siempre antes de votar, para deliberar.

45. La propuesta de modificación de un dictamen formulada por un miembro de la Comisión Informativa se denomina:

a) Moción.
b) Enmienda.
c) Voto particular.
d) Proposición.

46. A cualquier cuestión planteada a los órganos de gobierno en el seno del Pleno se le llama:

a) Voto particular.
b) Pregunta.
c) Ruego.
d) Moción.

47. En las Asambleas Vecinales de una Entidad de ámbito territorial inferior al municipal, los acuerdos se adoptan por:

a) El Alcalde Pedáneo.
b) Mayoría simple.
c) Mayoría absoluta.
d) Unanimidad.

48. Las sesiones extraordinarias de la Junta de Gobierno Local se celebran como mínimo cada:

a) Mes.
b) Quince días.
c) Dos meses.
d) No tienen un mínimo preestablecido.

49. El día y hora de celebración de las sesiones ordinarias de la Junta de Gobierno Local los fija el/la:

a) Reglamento Orgánico.
b) Pleno.
c) Presidente.
d) Ley.

50. Entre la convocatoria y la celebración de la sesión ordinaria de esta Junta de Gobierno Local deben transcurrir:

a) No menos de veinticuatro horas.
b) Setenta y dos horas.
c) Dos días hábiles.
d) Dos días naturales.

51. Las sesiones de la Junta de Gobierno Local son:

a) Públicas.
b) No públicas siempre.
c) A puerta cerrada, salvo votación por mayoría absoluta.
d) Solo deliberantes.

52. Si no hay quórum en primera convocatoria se celebra la reunión de la Junta de Gobierno Local:

a) Una hora después.
b) A los dos días.
c) A la media hora.
d) El día siguiente.

53. Las conclusiones de la Junta de Gobierno Local en reuniones deliberantes se denominan:

a) Dictámenes.
b) Acuerdos.
c) Resoluciones.
d) Instrucciones.

54. Cuando asiste al Presidente, la Junta de Gobierno Local:

a) Adopta acuerdos.
b) Emana dictámenes.
c) Realiza votaciones formales.
d) Expide Decretos.

55. Para votar nominalmente debe acordarse por el/los:

a) Grupos Políticos.
b) Pleno.
c) Alcalde o Presidente.
d) Pleno en votación secreta.

56. La forma de votación prevista con carácter exclusivo para elección de personas es la:

a) Ordinaria.
b) Nominal.
c) A mano alzada.
d) Secreta.

57. La votación por papeletas es la:

a) Forma prohibida.
b) Nominal.
c) Secreta.
d) Ordinaria.

58. Puede delegarse el voto en:

a) Un Concejal del mismo Grupo Político.
b) El Portavoz del Grupo Político.
c) El Presidente.
d) Nadie.

59. Si persiste un empate en una segunda votación se:

a) Celebra una nueva sesión.
b) Lo dirime el Presidente o Alcalde.

c) Levanta la sesión.
d) Efectúa un sorteo.

60. Se requiere quórum de mayoría absoluta del número legal de miembros del Ayuntamiento de un Municipio de régimen común para aprobar:

a) Una delegación de competencias en la Junta de Gobierno Local.
b) La alteración de la calificación jurídica de los bienes comunales.
c) Una Ordenanza de Mercados.
d) Para todos ellos.

61. Si el Ayuntamiento de un Municipio de régimen común pretende vender un bien patrimonial que no supera el 10 % de los recursos ordinarios de Presupuesto, se requiere:

a) Mayoría simple.
b) Mayoría absoluta.
c) Dos tercios del número legal de miembros.
d) Dos tercios del número de hecho de estos.

62. La municipalización de una actividad en monopolio requiere quórum cualificado de:

a) Ningún tipo.
b) Mayoría absoluta del número legal de miembros.
c) Mayoría absoluta del número de hecho de estos.
d) Dos terceras partes del número de hecho y, en todo caso, mayoría absoluta del número legal de miembros.

63. En las Comisiones Informativas, ¿quién decide en caso de empate en las votaciones?

a) El Pleno.
b) El miembro más antiguo, con voto de calidad.
c) El miembro de mayor edad, con voto especial.
d) El Presidente con voto de calidad.

64. Los traslados de una resolución del Alcalde se efectúan por el:

a) Propio Alcalde.
b) Encargado del Registro.
c) Responsable de la Secretaría General.
d) Jefe de la Dependencia.

65. El plazo general de notificación de una providencia de trámite:

a) No existe, pues esta no se notifica.
b) Es de veinticuatro horas.

c) Es de diez días.
d) Depende del asunto de que se trate.

66. Las Ordenanzas Municipales:

a) Se notifican.
b) Se publican.
c) Según los casos, se notifican o publican.
d) Solo se comunican.

67. Se debe remitir copia o extracto de las resoluciones y acuerdos de los órganos de gobierno de las Entidades Locales al/a:

a) Boletín Oficial de la Provincia o de la Comunidad Autónoma uniprovincial.
b) Subdelegado del Gobierno en la provincia o Delegado del Gobierno de la Nación (si se trata de una Comunidad Autónoma uniprovincial) y a la Administración de la Comunidad Autónoma.
c) Jefe del Servicio de Información de cada Corporación.
d) Todos los anteriores.

68. El responsable de extender las actas de una sesión del Pleno es el:

a) Presidente de la Corporación.
b) Miembro de la misma que se designe en dicha sesión.
c) Secretario.
d) Cualquiera de los anteriores puede hacerlo.

69. En las actas ha de hacerse constar nominalmente el sentido del voto:

a) En todo caso.
b) Cuando lo ordene el Presidente.
c) Cuando lo pidan los interesados.
d) Solo en las votaciones secretas.

70. En el supuesto de que una sesión no llegue a celebrarse:

a) Se reflejará este pormenor en el acta de la misma.
b) Se sustituye el acta por una diligencia del Secretario haciéndolo notar.
c) No se efectúa ninguna actuación de la que derive la constancia de esta incidencia.
d) Firmarán el acta de la sesión no celebrada solo los asistentes.

71. Los borradores de las actas:

a) Se aprueban por el Secretario General.
b) Se aprueban al finalizar la sesión a que se refieran.

c) Los redacta el Presidente y se aprueban en la siguiente sesión.

d) Nada de lo anterior es cierto.

72. La apertura del libro de Actas se diligencia por:

a) El Secretario.

b) El Alcalde.

c) Los dos anteriores.

d) Un Juez o un Notario.

73. Si un Juez solicita la remisión del Libro de Actas:

a) Se efectuará la misma a través del Presidente de la Corporación.

b) Se realizará una fotocopia del Libro, antes de remitírselo, para que quede constancia en la Corporación.

c) El Secretario General deberá llevarlo personalmente y permitir que solo se examine el Libro en su presencia.

d) No se le enviará bajo ningún pretexto.

74. Las certificaciones de los acuerdos del Pleno se expiden por:

a) El Secretario General por sí solo.

b) Orden del Presidente, efectuándolas el Secretario.

c) Presidente o Alcalde.

d) Jefe de la Unidad correspondiente.

75. La expedición de una certificación sobre un acuerdo adoptado en una sesión plenaria cuya acta no ha sido aprobada aún:

a) Está prohibida.

b) Se podrá realizar, haciendo constar expresamente este pormenor.

c) Carece de validez.

d) Puede efectuarse sin limitación alguna, dado el carácter de fedatario público del Secretario General.

76. Las resoluciones del Alcalde se transcriben en:

a) El Libro de Actas del Pleno.

b) El Libro de Actas de la Junta de Gobierno Local si las adoptó asistido por esta.

c) Un Libro específico para las mismas.

d) El Tablón de Edictos de la Corporación exclusivamente.

77. El Alcalde ha de dar cuenta sucinta de las resoluciones que adopte:

a) Al Pleno, en la sesión ordinaria posterior a su adopción.

b) A la Junta de Gobierno Local en la siguiente sesión que celebre.

c) A los Portavoces de los Grupos Políticos representados en la Corporación.

d) En ningún caso, al provenir de un órgano unipersonal.

78. Con carácter general, la Junta de Gobierno Local, existe en todos los Municipios con población superior a:

a) 500 habitantes.

b) 1.000 habitantes.

c) 3.000 habitantes.

d) 5.000 habitantes.

79. La propuesta que se somete directamente a conocimiento del Pleno, sobre un asunto no comprendido en el Orden del Día y que no tiene cabida en el punto de ruegos y preguntas, se denomina:

a) Proposición.

b) Moción.

c) Enmienda.

d) Ruego.

80. ¿Cuál es el sistema normal de votación en las Corporaciones Locales?

a) El nominal.

b) El secreto.

c) El ordinario.

d) El público.

81. Las Comisiones Informativas, estarán obligados a convocar sesión extraordinaria cuando lo solicite al menos:

a) La cuarta parte de sus miembros.

b) La quinta parte de sus miembros.

c) El Presidente.

d) Un miembro.

82. El funcionamiento de las Juntas de Distrito se rige por las normas que acuerde:

a) La Junta de Gobierno Local.

b) El Alcalde.

c) El Pleno.

d) El Presidente de la Junta de Distrito.

83. Los acuerdos emanados de los Presidentes de las Entidades Locales, denominados Resoluciones, adoptan la forma de:

a) Dictámenes del Presidente.

b) Reales Decreto de la Presidencia.

c) Acuerdos de la Presidencia.
d) Decreto de la Presidencia.

84. Como regla general, los actos de las Entidades Locales son:

a) Inmediatamente ejecutivos.
b) Ejecutivos cuando así lo disponga la norma.
c) Nunca son ejecutivos.
d) Ejecutivos a los veinte días de su firmeza.

Solución al test n.º 19

1. c) Un procedimiento que tiene por objeto la formación y declaración de voluntad del órgano colegiado.

2. d) Ordinarias, extraordinarias y extraordinarias urgentes.

3. c) Las sesiones extraordinarias no están sujetas a periodicidad.

4. c) Quedará automáticamente convocado para el décimo día hábil siguiente al de la finalización de dicho plazo, a las doce horas.

5. a) La constancia de las tasas que procedan.

6. b) Siempre.

7. a) En los casos de fuerza mayor.

8. c) Que se conceda un turno por alusiones, que será breve y conciso.

9. c) Es la propuesta que se somete directamente a conocimiento del Pleno, sobre un asunto no comprendido en el Orden del Día y que no tiene cabida en el punto de ruegos y preguntas.

10. d) Nominal, secreta y ordinaria.

11. b) Solo podrá utilizarse para elección o destitución de personas.

12. a) La concertación de las operaciones de crédito.

13. b) La alteración del nombre y de la capitalidad del municipio.

14. c) Mayoría absoluta.

15. d) Se hará constar expresamente esta circunstancia y se considerarán dictadas por la Autoridad que la haya conferido.

16. b) Edad de los miembros asistentes.

17. d) Se expedirán siempre por el Secretario, salvo precepto expreso que disponga otra cosa.

18. a) En cada sesión ordinaria del Pleno.

19. a) Presidente.

20. b) El Secretario.

21. d) Pleno en sesión extraordinaria.

22. c) Una cuarta parte de este último número.

23. c) Quince días hábiles.

24. c) Dos días hábiles antes.

25. d) Nada de lo anterior es cierto.

26. c) Las extraordinarias.

27. d) Las extraordinarias urgentes.

28. a) Se adjunta a la convocatoria.

29. c) Los Portavoces de los Grupos Políticos.

30. b) Si no se ha dictaminado previamente por la Comisión pertinente.

31. b) Ordinarias.

32. c) Mayoría absoluta del número legal de miembros.

33. c) Nulo.

34. d) Cuando sea lengua oficial.

35. d) Que se acuerde por mayoría absoluta de estos.

36. a) Resolución de la Presidencia.

37. b) La regla general.

38. a) Un tercio del número legal de miembros.

39. d) Entiende automáticamente convocada, a la misma hora, dos días después.

40. a) Levanta la misma.

41. c) Ocho días.

42. c) Multa.

43. c) Cuando se vote.

44. c) Las señala discrecionalmente el Presidente de la sesión.

45. c) Voto particular.

46. b) Pregunta.

47. b) Mayoría simple.

48. d) No tienen un mínimo preestablecido.

49. c) Presidente.

50. a) No menos de veinticuatro horas.

51. b) No públicas siempre.

52. a) Una hora después.

53. a) Dictámenes.

54. b) Emana dictámenes.

55. b) Pleno.

56. d) Secreta.

57. c) Secreta.

58. d) Nadie.

59. b) Lo dirime el Presidente o Alcalde.

60. b) La alteración de la calificación jurídica de los bienes comunales.

61. a) Mayoría simple .

62. b) Mayoría absoluta del número legal de miembros.

63. d) El Presidente con voto de calidad.

64. c) Responsable de la Secretaría General.

65. c) Es de diez días.

66. b) Se publican.

67. b) Subdelegado del Gobierno en la provincia o Delegado del Gobierno de la Nación (si se trata de una Comunidad Autónoma uniprovincial) y a la Administración de la Comunidad Autónoma.

68. c) Secretario.

69. c) Cuando lo pidan los interesados.

70. b) Se sustituye el acta por una diligencia del Secretario haciéndolo notar.

71. d) Nada de lo anterior es cierto.

72. a) El Secretario.

73. d) No se le enviará bajo ningún pretexto.

74. b) Orden del Presidente, efectuándolas el Secretario.

75. b) Se podrá realizar, haciendo constar expresamente este pormenor.

76. c) Un Libro específico para las mismas.

77. a) Al Pleno, en la sesión ordinaria posterior a su adopción.

78. d) 5.000 habitantes.

79. b) Moción.

80. c) El ordinario.

81. a) La cuarta parte de sus miembros.

82. c) El Pleno.

83. d) Decreto de la Presidencia.

84. a) Inmediatamente ejecutivos.

TEST N.º 20

**Formas de la acción administrativa en la Administración local.
La actividad de fomento. La actividad de policía.
El servicio público local**

1. Las Entidades Locales podrán intervenir la actividad de los ciudadanos a través de los siguientes medios:

a) Sometimiento a comunicación previa o a declaración responsable.
b) Órdenes individuales constitutivas de mandato para la ejecución de un acto o la prohibición del mismo.
c) Sometimiento a previa licencia y otros actos de control preventivo.
d) Todas son correctas.

2. Podrá exigirse una licencia u otro medio de control preventivo respecto a aquellas actividades económicas:

a) Cuando esté justificado por razones de orden público.
b) Cuando esté justificado por razones de seguridad nacional.
c) Cuando esté justificado por razones de salud pública.
d) Las respuestas a) y c) son correctas.

3. Se entenderá por declaración responsable:

a) Aquel documento mediante el que los interesados ponen en conocimiento de la Administración Pública competente sus datos identificativos o cualquier otro dato relevante para el inicio de una actividad o el ejercicio de un derecho.
b) El documento suscrito por un interesado en el que este manifiesta, bajo su responsabilidad, que cumple con los requisitos establecidos en la normativa vigente para obtener el reconocimiento de un derecho o facultad o para su ejercicio.
c) El documento suscrito por un interesado en el que este manifiesta, bajo su responsabilidad, que ha adquirido todos los derechos necesarios para el ejercicio de una actividad.
d) El documento suscrito por un interesado en el que este manifiesta, bajo su responsabilidad, que ya ha pasado todos los controles exigidos en la normativa para el ejercicio de una actividad.

4. Determinará la imposibilidad de continuar con el ejercicio del derecho o actividad afectada por una declaración responsable desde el momento en que se tenga constancia de:

a) La inexactitud, falsedad u omisión de cualquier dato o información.
b) La inexactitud, de carácter esencial, de cualquier dato o información.
c) La omisión de cualquier dato o información de carácter esencial.
d) Las respuestas b) y c) son correctas.

5. No serán transmisibles:

a) Las licencias relativas a las condiciones de una obra.
b) Las licencias concernientes al ejercicio de actividades sobre bienes de dominio público.
c) Las licencias relativas a las condiciones de una instalación.
d) Las licencias cuando el número de las otorgables fuere limitado.

6. Las solicitudes de licencias municipales, según establece el artículo 9 del Reglamento de Servicios de Corporaciones Locales:

a) Deberá acompañarse proyecto técnico con ejemplares para cada uno de los organismos que hubieren de informar la petición, si se refieren al ejercicio de actividades.
b) Se presentarán en el Registro General del Estado.
c) Se presentarán por triplicado.
d) Deberá acompañarse proyecto técnico con ejemplares para cada uno de los organismos que hubieren de informar la petición, si se refieren a ejecución de obras o instalaciones.

7. En relación con los organismos autónomos locales, establece el artículo 85 bis de la Ley 7/1985:

a) El titular del máximo órgano de dirección de los mismos deberá ser un funcionario de carrera o laboral de las Administraciones Públicas.
b) Su creación, modificación, refundición y supresión corresponderá a la Junta de Gobierno de la Entidad Local.
c) Deberá existir un consejo de orden consultivo.
d) Su inventario de bienes y derechos se remitirá mensualmente a la concejalía, área u órgano equivalente de la Entidad Local.

8. La Ley de Bases de Régimen Local no recoge la declaración de reserva en favor de las Entidades Locales del siguiente servicio:

a) Aprovechamiento de residuos.
b) Matadero.
c) Abastecimiento domiciliario y depuración de aguas.
d) Transporte público de viajeros.

9. El derecho a ser indemnizados por toda lesión que sufran en sus bienes y derechos como consecuencia del funcionamiento normal o anormal de los servicios públicos se reconoce a:

a) Los particulares.
b) Las personas jurídicas.
c) Los ciudadanos.
d) Las Administraciones.

10. ¿Cómo ha de ser el daño alegado en las reclamaciones de responsabilidad patrimonial?

a) Efectivo, evaluable económicamente e individualizado con relación con una persona o grupo de personas.
b) Directo y resarcible.
c) Susceptible de valoración y demostrable.
d) Debe producir consecuencias negativas en la actividad de la persona dañada.

11. No serán indemnizables los daños:

a) Que el particular no tenga el deber jurídico de soportar de acuerdo con la ley.
b) Producidos por fuerza mayor.
c) Producidos por circunstancias evitables.
d) Producidos por un hecho superable.

12. Si el daño que ha sufrido el particular se ha producido por dolo, culpa o negligencia grave de la autoridad o empleado público:

a) La Administración correspondiente, cuando hubiere indemnizado a los lesionados, les exigirá de oficio en vía administrativa la responsabilidad en que hubieran incurrido.
b) Una vez satisfecha la indemnización la Administración podrá exigir al empleado público su responsabilidad.
c) La Administración correspondiente le pedirá el dinero para después pagar al reclamante.
d) La Administración no exigirá al empleado público su responsabilidad.

13. En el régimen del Reglamento de Servicios de las Corporaciones Locales, el plazo que tiene la Comisión Provincial de Urbanismo, u órgano equivalente de la Comunidad Autónoma, para decidir sobre una licencia una vez que se ha denunciado la mora ante la misma es de:

a) Seis meses.
b) Diez días.
c) Dos meses.
d) Un mes.

14. Una licencia de obra menor, en el régimen del Reglamento de Servicios de las Corporaciones Locales, debe otorgarse en el plazo de:

a) Un día.
b) Un mes.
c) Dos meses.
d) Seis meses, si es actividad molesta.

15. En materia de licencias, en el régimen del Reglamento de Servicios de las Corporaciones Locales, para subsanar deficiencias, debe concederse al particular un plazo de:

a) Ocho días.
b) Diez días.
c) Quince días.
d) Veinte días.

16. La reserva en favor de una Entidad Local de actividades o servicios esenciales debe hacerse por:

a) Ley.
b) Reglamento estatal o autonómico.
c) Acuerdo del Pleno de la Entidad.
d) Ordenanza Municipal.

17. Con carácter general, el ejercicio de actividades no se someterá a la obtención de licencia u otro medio de control preventivo, salvo que:

a) El número de operadores económicos del mercado sea ilimitado.
b) Por legislación de la Comunidad Económica Europea la realización de actividades por los ciudadanos, no puedan someterse a la obtención de licencia, debiendo utilizarse únicamente la autorización previa.
c) Cuando esté justificado por razones de orden público, seguridad pública, salud pública o protección del medio ambiente en el lugar concreto donde se realiza la actividad, y estas razones no puedan salvaguardarse mediante la presentación de una declaración responsable o de una comunicación.
d) Ninguna es correcta.

18. Señala la respuesta incorrecta:

a) Las Entidades locales no podrán intervenir la actividad de los ciudadanos a través de Ordenanzas y bandos.
b) Las licencias o autorizaciones otorgadas por otras Administraciones Públicas no eximen a sus titulares de obtener las correspondientes licencias de las Entidades locales, respetándose en todo caso lo dispuesto en las correspondientes leyes sectoriales.

c) En caso de existencia de licencias o autorizaciones concurrentes entre una Entidad Local y otra Administración, la Entidad Local deberá motivar expresamente en la justificación de la necesidad de la autorización o licencia el interés general concreto que se pretende proteger y que este no se encuentre ya cubierto mediante otra autorización ya existente.

d) Todas son correctas.

19. Señala la respuesta incorrecta:

a) No podrán ser invocadas para excluir o disminuir la responsabilidad civil o penal en la que hubieren incurrido los beneficiarios en el ejercicio de sus actividades.

b) Cuando se permitiere la representación, el que la ejerciere deberá reunir las cualidades necesarias para conseguir por sí mismo una licencia y obtener la aprobación del Organismo que la hubiere otorgado.

c) Las licencias relativas a las condiciones de una obra o instalación no tendrán vigencia mientras subsistan aquellas.

d) Ninguna es incorrecta.

20. La comunicación previa o declaración responsable viene regulada:

a) En la Ley 7/1985.

b) En la Ley 40/2015.

c) En la Ley 39/2015.

d) En el Reglamento de Servicios de las Corporaciones Locales.

21. La responsabilidad patrimonial de las administraciones públicas está actualmente regulada en:

a) El Real Decreto 589/2018, 7 de diciembre, por el que se desarrolla el reglamento de las administraciones públicas en materia de responsabilidad patrimonial.

b) La Ley 40/2015, de 1 de octubre, de Régimen Jurídico del Sector Público y en la Ley 39/2015, de 1 de octubre, del Procedimiento Administrativo Común de las Administraciones Públicas.

c) El Real Decreto 429/1993, de 26 de marzo, por el que se aprueba el Reglamento de los Procedimientos de las Administraciones Públicas en materia de responsabilidad patrimonial.

d) Ninguna respuesta es correcta.

22. Según el art. 36 de la Ley 40/2015, respecto a la responsabilidad de las autoridades y personal al servicio de las Administraciones Públicas, la resolución declaratoria de responsabilidad:

a) No pondrá fin a la vía administrativa.

b) Pondrá fin a la vía administrativa.

c) Pondrá fin a la vía contencioso-administrativa.

d) Pondrá fin o no a la vía administrativa dependiendo del órgano competente de su resolución.

23. Para hacer efectiva la responsabilidad patrimonial de las autoridades y personal al servicio de las Administraciones Públicas, conforme determina la Ley 40/2015, de 1 de octubre, de Régimen Jurídico del Sector Público:

a) Los particulares exigirán directamente a la Administración Pública correspondiente las indemnizaciones por los daños y perjuicios causados por las autoridades y personal a su servicio.

b) Los particulares la exigirán directamente a los Tribunales de Justicia al objeto de hacer valer su derecho.

c) Los particulares la exigirán directamente al funcionario o autoridad causante del daño o perjuicio.

d) Ninguna respuesta es correcta.

24. Señala la respuesta correcta, la exigencia de responsabilidad penal del personal al servicio de las Administraciones Públicas:

a) No suspenderá, en ninguna circunstancia, los procedimientos de reconocimiento de responsabilidad patrimonial que se instruyan.

b) Suspende los procedimientos de reconocimiento de responsabilidad patrimonial que se instruyan.

c) Solo suspenden los procedimientos de reconocimiento de responsabilidad patrimonial que se instruyan cuando la determinación de los hechos en el orden jurisdiccional penal sea necesaria para la fijación de la responsabilidad patrimonial.

d) Ninguna respuesta es correcta.

25. Se entiende por subvención, a los efectos de la Ley 38/2003, de 17 de noviembre, toda disposición dineraria realizada por cualesquiera de los sujetos contemplados en dicha ley, a favor de personas públicas o privadas, y que cumpla los siguientes requisitos (señala la opción incorrecta):

a) Que la entrega se realice sin contraprestación directa de los beneficiarios.

b) Que la entrega se realice en dinero en efectivo.

c) Que la entrega esté sujeta al cumplimiento de un determinado objetivo, la ejecución de un proyecto, la realización de una actividad, la adopción de un comportamiento singular, ya realizados o por desarrollar, o la concurrencia de una situación, debiendo el beneficiario cumplir las obligaciones materiales y formales que se hubieran establecido.

d) Que el proyecto, la acción, conducta o situación financiada tenga por objeto el fomento de una actividad de utilidad pública o interés social o de promoción de una finalidad pública.

26. No tienen carácter de subvenciones los siguientes supuestos:

a) Las prestaciones contributivas y no contributivas del Sistema de la Seguridad Social.

b) Las prestaciones reconocidas por el Fondo de Garantía Salarial.

c) Los beneficios fiscales y beneficios en la cotización a la Seguridad Social.

d) Todas las respuestas son correctas.

27. ¿Qué requisito deben cumplir las subvenciones en el ámbito de la Ley de subvenciones?

a) Que el proyecto, la acción, conducta o situación financiada tenga por objeto el fomento de una actividad de utilidad pública o interés social o de promoción de una finalidad pública.

b) Que se trate de aportaciones dinerarias entre diferentes Administraciones públicas, para financiar globalmente la actividad de la Administración a la que vayan destinadas.

c) Que se trate de aportaciones dinerarias que, en concepto de cuotas, tanto ordinarias como extraordinarias, realicen las entidades que integran la Administración local a favor de las asociaciones a que se refiere la Ley Reguladora de las Bases del Régimen Local.

d) Todas son correctas.

28. Queda excluido del ámbito de aplicación de la Ley de Subvenciones:

a) Los premios que se otorguen sin la previa solicitud del beneficiario.

b) Las subvenciones previstas en la Ley Orgánica 5/1985, de 19 de junio, del Régimen Electoral General.

c) Las subvenciones reguladas en la Ley Orgánica 3/1987, de 2 de julio, de financiación de los partidos políticos.

d) Todas las anteriores quedan excluidas del ámbito de aplicación de la Ley de Subvenciones.

29. Los interesados solo podrán solicitar el inicio de un procedimiento de responsabilidad patrimonial, cuando no haya prescrito su derecho a reclamar. El derecho a reclamar prescribirá:

a) Al año de producido el hecho o el acto que motive la indemnización o se manifieste su efecto lesivo.

b) A los dos años de producido el hecho o el acto que motive la indemnización o se manifieste su efecto lesivo.

c) A los cinco años de producido el hecho o el acto que motive la indemnización o se manifieste su efecto lesivo.

d) Este derecho no prescribe.

30. En el caso de los procedimientos de responsabilidad patrimonial será preceptivo solicitar informe al servicio cuyo funcionamiento haya ocasionado la presunta lesión indemnizable, no pudiendo exceder el plazo de su emisión de:

a) Diez días.

b) Quince días.

c) Veinte días.

d) Un mes.

Solución al test n.º 20

1. d) Todas son correctas.

2. d) Las respuestas a) y c) son correctas.

3. b) El documento suscrito por un interesado en el que este manifiesta, bajo su responsabilidad, que cumple con los requisitos establecidos en la normativa vigente para obtener el reconocimiento de un derecho o facultad o para su ejercicio.

4. d) Las respuestas b) y c) son correctas.

5. d) Las licencias cuando el número de las otorgables fuere limitado.

6. d) Deberá acompañarse proyecto técnico con ejemplares para cada uno de los organismos que hubieren de informar la petición, si se refieren a ejecución de obras o instalaciones.

7. a) El titular del máximo órgano de dirección de los mismos deberá ser un funcionario de carrera o laboral de las Administraciones Públicas.

8. b) Matadero.

9. a) Los particulares.

10. a) Efectivo, evaluable económicamente e individualizado con relación con una persona o grupo de personas.

11. b) Producidos por fuerza mayor.

12. a) La Administración correspondiente, cuando hubiere indemnizado a los lesionados, les exigirá de oficio en vía administrativa la responsabilidad en que hubieran incurrido.

13. d) Un mes.

14. b) Un mes.

15. c) Quince días.

16. a) Ley.

17. c) Cuando esté justificado por razones de orden público, seguridad pública, salud pública o protección del medio ambiente en el lugar concreto donde se realiza la actividad, y estas razones no puedan salvaguardarse mediante la presentación de una declaración responsable o de una comunicación.

18. a) Las Entidades locales no podrán intervenir la actividad de los ciudadanos a través de Ordenanzas y bandos.

19. c) Las licencias relativas a las condiciones de una obra o instalación no tendrán vigencia mientras subsistan aquellas.

20. c) En la Ley 39/2015.

21. b) La Ley 40/2015, de 1 de octubre, de Régimen Jurídico del Sector Público y en la Ley 39/2015, de 1 de octubre, del Procedimiento Administrativo Común de las Administraciones Públicas.

22. b) Pondrá fin a la vía administrativa.

23. a) Los particulares exigirán directamente a la Administración Pública correspondiente las indemnizaciones por los daños y perjuicios causados por las autoridades y personal a su servicio.

24. c) Solo suspenden los procedimientos de reconocimiento de responsabilidad patrimonial que se instruyan cuando la determinación de los hechos en el orden jurisdiccional penal sea necesaria para la fijación de la responsabilidad patrimonial.

25. b) Que la entrega se realice en dinero en efectivo.

26. d) Todas las respuestas son correctas.

27. a) Que el proyecto, la acción, conducta o situación financiada tenga por objeto el fomento de una actividad de utilidad pública o interés social o de promoción de una finalidad pública.

28. d) Todas las anteriores quedan excluidas del ámbito de aplicación de la Ley de Subvenciones.

29. a) Al año de producido el hecho o el acto que motive la indemnización o se manifieste su efecto lesivo.

30. a) Diez días.

TEST N.º 21

Derechos y deberes del personal en el Estatuto básico del empleado público. Incompatibilidades. Régimen disciplinario. Procedimiento sancionador

1. A tenor del artículo 14 del EBEP, los empleados públicos tienen derecho:

a) A la inamovilidad en la condición de funcionario de carrera.
b) A la formación continua y a la actualización permanente de sus conocimientos y capacidades profesionales, preferentemente fuera del horario laboral.
c) A la libertad de expresión, sin restricción alguna.
d) A participar en la consecución de los objetivos atribuidos a la unidad donde preste sus servicios y a ser consultado por sus superiores por las tareas a desarrollar.

2. Los empleados públicos tienen derecho a la libertad de expresión:

a) En los términos que establezca una ley.
b) En los términos que se establezcan reglamentariamente.
c) A través de sus representantes sindicales.
d) Dentro de los límites del ordenamiento jurídico.

3. El conjunto ordenado de oportunidades de ascenso y expectativas de progreso profesional conforme a los principios de igualdad, mérito y capacidad se denomina:

a) Evaluación del desempeño.
b) Promoción profesional.
c) Promoción interna.
d) Carrera profesional.

4. Para tener derecho a la promoción interna, los funcionarios deberán tener una antigüedad de servicio activo en el inferior subgrupo o grupo de clasificación profesional, de al menos:

a) Dos años.
b) Tres años.

c) Cuatro años.
d) Cinco años.

5. El procedimiento mediante el cual se mide y valora la conducta profesional y el rendimiento o el logro de resultados de los empleados públicos se denomina:

a) Carrera horizontal.
b) Evaluación del desempeño.
c) Concurso de méritos.
d) Mapa de competencias.

6. Según el EBEP, la continuidad en un puesto de trabajo obtenido por concurso quedará vinculada a:

a) La evaluación del desempeño.
b) La idoneidad.
c) La antigüedad.
d) La productividad.

7. En relación con el sistema retributivo de los empleados públicos es cierto, según el EBEP, que:

a) Podrán acordarse incrementos retributivos que globalmente supongan un incremento de la masa salarial superior a los límites fijados anualmente en la Ley de Presupuestos Generales del Estado para el personal.

b) Podrá percibirse participación en tributos o en cualquier otro ingreso de las Administraciones Públicas como contraprestación de cualquier servicio, participación o premio en multas impuestas, excepto cuando estuviesen normativamente atribuidas a los servicios.

c) Las cuantías de las retribuciones básicas y el incremento de las cuantías globales de las retribuciones complementarias de los funcionarios, así como el incremento de la masa salarial del personal laboral, deberán reflejarse para cada ejercicio presupuestario en la correspondiente ley de presupuestos.

d) Las Administraciones Públicas podrán destinar cantidades por encima del porcentaje de la masa salarial que se fije en las correspondientes Leyes de Presupuestos Generales del Estado a financiar aportaciones a planes de pensiones de empleo o contratos de seguro colectivos que incluyan la cobertura de la contingencia de jubilación, para el personal incluido en sus ámbitos, de acuerdo con lo establecido en la normativa reguladora de los Planes de Pensiones.

8. Las Administraciones Públicas podrán destinar cantidades hasta el porcentaje de la masa salarial que se fije en las correspondientes Leyes de Presupuestos Generales del Estado a financiar aportaciones a planes de pensiones de empleo o contratos de seguro colectivos; estas cantidades tendrán a todos los efectos la consideración de:

a) Retribución básica.
b) Retribución complementaria.
c) Indemnización.
d) Retribución diferida.

9. Las retribuciones de los funcionarios en prácticas:

a) Se corresponderán a las del sueldo del Subgrupo o Grupo, en el supuesto de que este no tenga Subgrupo, en que aspiren a ingresar.

b) No podrán superar las del sueldo del Subgrupo o Grupo, en el supuesto de que este no tenga Subgrupo, en que aspiren a ingresar.

c) Se determinarán de acuerdo con la legislación laboral, el convenio colectivo que sea aplicable y el contrato de trabajo.

d) Como mínimo, se corresponderán a las del sueldo del Subgrupo o Grupo, en el supuesto de que este no tenga Subgrupo, en que aspiren a ingresar.

10. La cuantía y estructura de las retribuciones complementarias de los funcionarios se establecerán por:

a) Ley estatal.

b) Las correspondientes leyes de cada Administración Pública.

c) Real Decreto del Consejo de Ministros.

d) Decreto del correspondiente Consejo de Gobierno de la Administración Autonómica.

11. No se incluye en la paga extraordinaria de los funcionarios el importe correspondiente a una mensualidad:

a) De los trienios.

b) Del complemento por la incompatibilidad exigible para el desempeño de determinados puestos de trabajo.

c) Del complemento por el esfuerzo con que el funcionario desempeña su trabajo.

d) Del complemento por la progresión alcanzada por el funcionario dentro del sistema de carrera administrativa.

12. ¿Podrá percibirse participación en tributos o en cualquier otro ingreso de las Administraciones Públicas como contraprestación de cualquier servicio, participación o premio en multas impuestas?

a) No, en ningún caso.

b) Sí, en cualquier caso.

c) No, excepto cuando estuviesen normativamente atribuidas a los servicios.

d) Sí, excepto cuando estuviesen normativamente atribuidas a los servicios.

13. Completar la siguiente frase: "Los empleados públicos tienen derecho a la negociación colectiva, representación y .... para la determinación de sus condiciones de trabajo":

a) Evaluación del desempeño.

b) Huelga.

c) Participación institucional.

d) Convenio.

14. Quedan excluidas de la obligatoriedad de la negociación colectiva:

a) Las normas que fijen los criterios y mecanismos generales en materia de evaluación del desempeño.

b) Los criterios generales para la determinación de prestaciones sociales y pensiones de clases pasivas.

c) Los criterios generales sobre ofertas de empleo público.

d) La determinación de condiciones de trabajo del personal directivo.

15. Las Juntas de Personal se constituirán en unidades electorales que cuenten con un censo mínimo de:

a) 15 funcionarios.

b) 25 funcionarios.

c) 30 funcionarios.

d) 50 funcionarios.

16. En las Mesas de Negociación, las partes están obligadas a negociar bajo el principio de:

a) El interés general.

b) Representación equilibrada.

c) Reconocimiento mutuo.

d) La buena fe.

17. Tal y como señala el artículo 46 del EBEP, están legitimados para convocar una reunión los empleados públicos de las Administraciones respectivas en número no inferior:

a) Al 10 % del colectivo convocado.

b) Al 20 % del colectivo convocado.

c) Al 30 % del colectivo convocado.

d) Al 40 % del colectivo convocado.

18. A tenor del artículo 39 del EBEP los órganos específicos de representación de los funcionarios son:

a) Los Comités de Empresa y los Delegados de Prevención.

b) Los Delegados de Personal y las Juntas de Personal.

c) Las Mesas Generales de Negociación y las Mesas Sectoriales.

d) Los Comités de Personal y los Delegados de Servicio.

19. ¿Cuántos Delegados de Personal se elegirán en una unidad electoral con 41 funcionarios?

a) 1.

b) 2.

c) 3.

d) Entre 40 y 100 funcionarios se elige una Junta de Personal con 5 representantes.

20. Los miembros de las Juntas de Personal y los Delegados de Personal de una unidad administrativa con menos de 100 funcionarios, tendrán derecho dentro de la jornada de trabajo, a un crédito de:

a) 8 horas mensuales.
b) 10 horas mensuales.
c) 12 horas mensuales.
d) 15 horas mensuales.

21. Señala la opción correcta:

a) Las Juntas de Personal se elegirán mediante listas cerradas a través de un sistema proporcional corregido, y los Delegados de Personal mediante listas abiertas y sistema mayoritario.

b) Los Delegados de Personal se elegirán mediante listas cerradas a través de un sistema proporcional corregido, y las Juntas de Personal mediante listas abiertas y sistema mayoritario.

c) Tanto las Juntas de Personal como los Delegados de Personal se elegirán mediante listas cerradas a través de un sistema proporcional corregido.

d) Tanto las Juntas de Personal como los Delegados de Personal se elegirán mediante listas abiertas y sistema mayoritario.

22. Será objeto de negociación, en su ámbito respectivo y en relación con las competencias de cada Administración Pública y con el alcance que legalmente proceda:

a) La determinación concreta de los procedimientos de acceso al empleo público.
b) La regulación concreta de los criterios de promoción profesional.
c) Las materias referidas a calendario laboral.
d) La determinación de condiciones de trabajo del personal directivo.

23. Serán objeto de negociación, en su ámbito respectivo y en relación con las competencias de cada Administración Pública y con el alcance que legalmente proceda en cada caso:

a) Las normas que fijen los criterios generales en materia de acceso, carrera, provisión, sistemas de clasificación de puestos de trabajo, y planes e instrumentos de planificación de recursos humanos.

b) Las decisiones de las Administraciones Públicas que afecten a sus potestades de organización.

c) La regulación del ejercicio de los derechos de los ciudadanos y de los usuarios de los servicios públicos, así como el procedimiento de formación de los actos y disposiciones administrativas.

d) La regulación y determinación concreta, en cada caso, de los sistemas, criterios, órganos y procedimientos de acceso al empleo público y la promoción profesional.

24. En una unidad electoral de más de 750 funcionarios, los miembros de las Juntas de Personal, como representantes legales de los funcionarios, dispondrán en el ejercicio de su función representativa de un crédito de horas mensuales dentro de la jornada de trabajo y retribuidas como de trabajo efectivo, de:

a) 35 horas.
b) 20 horas.
c) 30 horas.
d) 40 horas.

25. Es un criterio, según el EBEP, de los procedimientos reglamentarios para la elección de las Juntas de Personal y para la elección de Delegados de Personal:

a) Podrán presentar candidaturas las organizaciones sindicales legalmente constituidas o las coaliciones de estas, y los grupos de electores de una misma unidad electoral, siempre que el número de ellos sea equivalente, al menos, al doble de los miembros a elegir.
b) La elección se realizará mediante sufragio personal, directo, libre y secreto que podrá emitirse por correo o por otros medios telemáticos.
c) Tendrán la consideración de electores, pero no así de elegibles, los funcionarios que ocupen puestos cuyo nombramiento se efectúe a través de real decreto o por decreto de los consejos de gobierno de las comunidades autónomas y de las ciudades de Ceuta y Melilla.
d) Serán electores y elegibles los funcionarios cualquiera que sea la situación administrativa en que se encuentren, excepto la suspensión de funciones.

26. Se elegirá un Delegado de Personal en las unidades electorales donde el número de funcionarios sea:

a) Entre 5 y 50 funcionarios.
b) Entre 10 y 40 funcionarios.
c) Entre 6 y 30 funcionarios.
d) Entre 8 y 39 funcionarios.

27. Según el Estatuto Básico del Empleado Público, el número máximo de representantes de una Junta de Personal es de:

a) 50.
b) 75.
c) 60.
d) 80.

28. Según el EBEP, el reglamento de una Junta de Personal y sus modificaciones deberán ser aprobados por los votos favorables de, al menos:

a) La mayoría simple de sus miembros.
b) La mayoría absoluta de sus miembros.

c) Tres quintos de sus miembros.

d) Dos tercios de sus miembros.

29. A efectos del EBEP, se entiende por negociación colectiva el derecho a negociar:

a) La composición de las Mesas de Negociación.

b) La determinación de condiciones de trabajo de los empleados de la Administración Pública.

c) El procedimiento de elección de representantes de los empleados de la Administración Pública.

d) La estructura orgánica de la Administración Pública.

30. En virtud del artículo 31.6 del EBEP, ¿pueden las organizaciones sindicales más representativas interponer recursos contra las resoluciones de los órganos de selección de la Administración Pública?

a) No, en ningún caso.

b) Solo en la vía administrativa.

c) Solo en la vía jurisdiccional.

d) Sí, tanto en vía administrativa como en la jurisdiccional.

31. En relación con los procedimientos para determinar condiciones de trabajo en las Administraciones Públicas, es cierto que:

a) Solo atenderán a lo previsto en el EBEP.

b) Deben tener en cuenta las previsiones establecidas en los convenios y acuerdos de carácter internacional ratificados por España.

c) No se verán afectados por convenios o acuerdos de carácter internacional.

d) Deben ser autorizados por las autoridades laborales de la Unión Europea.

32. Según el artículo 32.1 del EBEP, la negociación colectiva, representación y participación de los empleados públicos con contrato laboral:

a) Se rige por la misma legislación de los funcionarios.

b) Se rige básicamente por el EBEP.

c) Se rige por la legislación laboral, sin perjuicio de los preceptos del capítulo IV del título III del EBEP que expresamente les son de aplicación.

d) Se rige exclusivamente por la legislación laboral.

33. Según el artículo 32.2 del EBEP:

a) No se puede garantizar el cumplimiento de los convenios colectivos y acuerdos que afecten al personal laboral.

b) Los convenios colectivos y acuerdos que afecten al personal laboral son de obligado cumplimiento, sin excepciones.

c) Se garantiza el cumplimiento de los convenios colectivos y acuerdos que afecten al personal laboral, salvo cuando excepcionalmente y por causa grave de interés público derivada de una alteración sustancial de las circunstancias económicas, los órganos de gobierno de las Administraciones Públicas suspendan o modifiquen el cumplimiento de convenios colectivos o acuerdos ya firmados en la medida estrictamente necesaria para salvaguardar el interés público.

d) Se garantiza el cumplimiento de los convenios colectivos y acuerdos que afecten al personal laboral, salvo cuando excepcionalmente en situaciones de emergencia, las Cortes Generales o las Asambleas autonómicas suspendan o modifiquen el cumplimiento de convenios colectivos o acuerdos ya firmados en la medida estrictamente necesaria para salvaguardar el interés público.

34. En relación con la suspensión o modificación del cumplimiento de convenios colectivos o acuerdos que afecten al personal laboral de las Administraciones Públicas, es cierto que:

a) Las Administraciones Públicas deberán informar a las organizaciones sindicales de las causas de la suspensión o modificación.

b) Las Administraciones Públicas deberán informar a cada trabajador de las causas de la suspensión o modificación.

c) Las organizaciones sindicales deberán informar a cada trabajador de las causas de la suspensión o modificación.

d) Las Administraciones Públicas deberán informar a las Cortes Generales o las Asambleas autonómicas de las causas de la suspensión o modificación, para su ratificación.

35. Los órganos de representación del personal laboral de las Administraciones Públicas son:

a) Los comités de empresa y los delegados de personal.

b) Los delegados de personal y las juntas de personal.

c) Los sindicatos más representativos.

d) Los sindicatos de la Administración Pública.

36. Conforme al EBEP, los funcionarios públicos tendrán un permiso por enfermedad grave de un familiar dentro del primer grado de consanguinidad o afinidad de:

a) Dos días.

b) Tres días.

c) Cuatro días.

d) Cinco días.

37. Los funcionarios públicos tendrán un permiso por matrimonio de:

a) 10 días.

b) 15 días.

c) 20 días.
d) 30 días.

38. Por ser preciso atender el cuidado de un familiar de primer grado, por razones de enfermedad muy grave y por el plazo máximo de un mes, el funcionario tendrá derecho a solicitar, con carácter retribuido, una reducción de:

a) Hasta el 50 % de la jornada laboral.
b) 2 horas diarias.
c) 4 horas diarias.
d) Hasta 5 horas diarias.

39. Según el artículo 48 del EBEP, los funcionarios públicos disponen de un permiso por fallecimiento de un familiar dentro del primer grado de consanguinidad o afinidad, cuando el suceso se produzca en distinta localidad, de:

a) 2 días hábiles.
b) 3 días hábiles.
c) 4 días hábiles.
d) 5 días hábiles.

40. Por lactancia de un hijo menor de doce meses los funcionarios públicos tendrán derecho, según el EBEP, a:

a) 30 minutos de ausencia del trabajo, al inicio o al final de la jornada.
b) 1 hora de ausencia del trabajo, infraccionable.
c) 1 hora de ausencia del trabajo que podrá dividir en dos fracciones.
d) 2 horas de ausencia del trabajo que podrá dividir en dos fracciones de una hora cada una.

41. Según el EBEP, por nacimiento de hijos prematuros o que por cualquier otra causa deban permanecer hospitalizados a continuación del parto, la funcionaria o el funcionario tendrá derecho a ausentarse del trabajo durante:

a) Un máximo de 2 horas diarias percibiendo las retribuciones íntegras.
b) Al menos 2 horas diarias, con la disminución proporcional de sus retribuciones.
c) 1 hora diaria, percibiendo las retribuciones íntegras.
d) Un máximo de 1 hora diaria, con la disminución proporcional de sus retribuciones.

42. Por acogimiento temporal de un menor discapacitado, el funcionario tendrá derecho a un permiso de una duración de:

a) Cuatro semanas.
b) Diez semanas.
c) Dieciséis semanas.
d) Dieciocho semanas.

43. Tal y como señala el artículo 50 del EBEP, los funcionarios públicos tendrán derecho a disfrutar, durante cada año natural, de unas vacaciones retribuidas de:

a) 1 mes.
b) 30 días naturales.
c) 22 días hábiles.
d) 30 días hábiles.

44. Según el artículo 47 del EBEP, la jornada de trabajo de los funcionarios públicos podrá ser:

a) Ordinaria o extraordinaria.
b) Continua o partida.
c) En turno de mañana, en turno de tarde o en turno de noche.
d) A tiempo completo o a tiempo parcial.

45. Los Empleados Públicos:

a) Podrán voluntariamente acatar la Constitución y el resto de normas que integran el ordenamiento jurídico.
b) Podrán abstenerse en aquellos asuntos en los que tengan un interés personal.
c) Su actuación perseguirá la satisfacción de los intereses del Gobierno.
d) Guardarán secreto de las materias clasificadas.

46. Según el artículo 53 del EBEP, es un principio del código ético de los empleados públicos:

a) El desempeño de las tareas correspondientes a su puesto de trabajo se realizará de forma diligente y cumpliendo la jornada y el horario establecidos.
b) Honradez.
c) Respeto a la igualdad entre mujeres y hombres.
d) Ajustar su actuación a los principios de lealtad y buena fe con la Administración en la que presten sus servicios, y con sus superiores, compañeros, subordinados y con los ciudadanos.

47. Según el artículo 52 del EBEP, los empleados públicos deben desempeñar las tareas que tienen asignadas con:

a) Rapidez.
b) Prontitud.
c) Diligencia.
d) Esmero.

48. Por parte de personas físicas o entidades privadas, los empleados públicos no deberán aceptar ningún trato de favor o situación que implique privilegio o:

a) Amistad interesada.
b) Tentación de renuncia de su condición de funcionario.

c) Ventaja injustificada.
d) Recompensa.

49. Según el artículo 53.8 del EBEP, los empleados públicos vigilarán la consecución del interés general y el cumplimiento de los objetivos de la organización, y actuarán de acuerdo con los principios de eficacia, eficiencia y:

a) Economía.
b) Efectividad.
c) Efusividad.
d) Excelencia.

50. Los empleados públicos no podrán influir en la agilización o resolución de trámite o procedimiento cuando:

a) Comporte un beneficio de los intereses de terceros.
b) No exista justa causa.
c) En ningún caso.
d) No esté claro el interés general.

51. Según el artículo 53.12 del EBEP, los empleados públicos, respecto a aquellos asuntos que conozcan por razón de su cargo:

a) Mantendrán la debida discreción.
b) Son los únicos autorizados para hacer uso de la información obtenida.
c) Podrán hacer uso de la información obtenida siempre que no sea para beneficio propio.
d) Deberán jurar secreto profesional.

52. ¿Cuál de los siguientes es un principio de conducta de los empleados públicos?

a) Cumplir con diligencia las tareas que les correspondan o se les encomienden y, en su caso, resolver dentro de plazo los procedimientos o expedientes de su competencia.
b) No aceptar ningún trato de favor o situación que implique privilegio o ventaja injustificada, por parte de personas físicas o entidades privadas.
c) Realizar el desempeño de las tareas correspondientes a su puesto de trabajo de forma diligente y cumpliendo la jornada y el horario establecidos.
d) Basar su conducta en el respeto de los derechos fundamentales y libertades públicas, evitando toda actuación que pueda producir discriminación alguna por razón de nacimiento, origen racial o étnico, género, sexo, orientación sexual, religión o convicciones, opinión, discapacidad, edad o cualquier otra condición o circunstancia personal o social.

53. Conforme al artículo 54.5 del EBEP, los empleados públicos administrarán los recursos y bienes públicos con:

a) Responsabilidad.
b) Generosidad.

c) Subjetividad.
d) Austeridad.

54. ¿Deben garantizar los empleados públicos la atención al ciudadano en la lengua que este solicite?

a) Sí, en todo caso y en cualquier territorio.
b) No, el empleado público es libre de elegir la lengua en la que atender a los ciudadanos.
c) Sí, siempre que sea oficial en el territorio.
d) Solo se puede garantizar el uso del castellano.

55. ¿Cuál de los siguientes es un principio ético del Código de Conducta de los empleados públicos?

a) Tratar con atención y respeto a los ciudadanos, a sus superiores y a los restantes empleados públicos.
b) Informar a los ciudadanos sobre aquellas materias o asuntos que tengan derecho a conocer, y facilitar el ejercicio de sus derechos y el cumplimiento de sus obligaciones.
c) Ejercer sus atribuciones según el principio de dedicación al servicio público absteniéndose no solo de conductas contrarias al mismo, sino también de cualesquiera otras que comprometan la neutralidad en el ejercicio de los servicios públicos.
d) Garantizar la constancia y permanencia de los documentos para su transmisión y entrega a sus posteriores responsables.

56. ¿Qué Ley regula las incompatibilidades del Personal al Servicio de las Administraciones Públicas?

a) Ley 53/1984, de 26 de diciembre.
b) Ley 84/2003, de 5 de marzo.
c) Ley 34/2008, de 23 de septiembre.
d) Ley 55/1988, de 19 de octubre.

57. El incumplimiento de las normas sobre incompatibilidades, cuando suponga el mantenimiento de una situación de incompatibilidad, tendrá la consideración de:

a) Falta leve.
b) Falta grave.
c) Falta muy grave.
d) Falta media.

58. El incumplimiento de los plazos u otras disposiciones de procedimiento en materia de incompatibilidades, cuando no suponga el mantenimiento de una situación de incompatibilidad:

a) Tendrá la consideración de falta leve.
b) Tendrá la consideración de falta grave.

c) Tendrá la consideración de falta muy grave.
d) No tendrá la consideración de falta.

59. En relación con las incompatibilidades del personal estatutario, no es cierto que:

a) Será incompatible el disfrute de becas y ayudas de ampliación de estudios concedidas en régimen de concurrencia competitiva al amparo de programas oficiales de formación y perfeccionamiento del personal, siempre que para participar en tales acciones se requiera la previa propuesta favorable del Servicio de Salud en el que se esté destinado y que las bases de la convocatoria no establezcan lo contrario.
b) La percepción de pensión de jubilación por un régimen público de Seguridad Social será incompatible con la situación del personal emérito.
c) Las retribuciones del personal emérito, sumadas a su pensión de jubilación, no podrán superar las retribuciones que el interesado percibía antes de su jubilación, consideradas, todas ellas, en cómputo anual.
d) La percepción de pensión de jubilación parcial será compatible con las retribuciones derivadas de una actividad a tiempo parcial.

60. Será requisito necesario para autorizar la compatibilidad de actividades públicas el que la cantidad total percibida por ambos puestos o actividades no supere la remuneración prevista en los Presupuestos Generales del Estado para:

a) El cargo de Director General.
b) El nivel 30.
c) El cargo de Jefe de Servicio.
d) El cargo de Diputado o Senador.

61. Será requisito necesario para autorizar la compatibilidad de actividades públicas a funcionarios del Grupo D, el que la cantidad total percibida por ambos puestos o actividades, no supere la correspondiente al principal, estimada en régimen de dedicación ordinaria, incrementada en:

a) Un 30 %.
b) Un 40 %.
c) Un 45 %.
d) Un 50 %.

62. Quienes accedan por cualquier título a un nuevo puesto del sector público que con arreglo a la Ley 53/1984 resulte incompatible con el que vinieran desempeñando habrán de optar por uno de ellos dentro del plazo:

a) De 10 días tras la toma de posesión en el segundo puesto.
b) De 30 días tras la incorporación al segundo puesto.
c) De 3 días tras la incorporación al segundo puesto.
d) De toma de posesión.

63. La resolución motivada reconociendo la compatibilidad o declarando la incompatibilidad, se dictará en el plazo de:

a) 1 mes.
b) 2 meses.
c) 15 días.
d) 10 días.

64. El personal comprendido en el ámbito de aplicación de la Ley 53/1984 no podrá ejercer la actividad siguiente:

a) El desempeño de cargos de todo orden en Empresas o Sociedades privadas, siempre que la actividad de las mismas no esté directamente relacionada con las que gestione el Departamento, Organismo o Entidad en que preste sus servicios.
b) La participación en tribunales calificadores de pruebas selectivas para ingreso en las Administraciones Públicas.
c) El ejercicio del cargo de Presidente, Vocal o miembro de Juntas rectoras de Mutualidades o Patronatos de Funcionarios, siempre que no sea retribuido.
d) La producción y creación literaria, siempre que no se origine como consecuencia de una relación de empleo o de prestación de servicios.

65. No podrá reconocerse compatibilidad para la realización de actividades privadas a quien desempeñe dos actividades en el sector público, salvo en el caso de que la jornada semanal de ambas actividades en su conjunto sea inferior a:

a) 35 horas.
b) 40 horas.
c) 44 horas.
d) 48 horas.

66. Según la Ley 3/2007, de la Función Pública de la Comunidad Autónoma de las Illes Balears, ¿cuál de las siguientes se considera una falta muy grave?

a) La tolerancia del personal superior jerárquico respecto a la comisión de faltas muy graves o graves del personal que de él depende.
b) La intervención en un procedimiento administrativo cuando concurra alguna de las causas de abstención legalmente señaladas.
c) El abandono del servicio, así como la no asunción voluntaria de las tareas o funciones encomendadas.
d) No guardar la discreción profesional respecto a los asuntos que conozca por razón de sus funciones, cuando cause perjuicio a la administración o se utilice en provecho propio.

67. Según la Ley 3/2007, de la Función Pública de la Comunidad Autónoma de las Illes Balears, ¿cuál de las siguientes se considera una falta muy grave?

a) Los actos limitativos de la libre expresión del pensamiento, las ideas y las opiniones.
b) El incumplimiento injustificado de la jornada de trabajo que acumulado suponga un mínimo de diez horas dentro de un mes natural.

c) Las acciones u omisiones dirigidas a evadir los sistemas de control de horarios o a impedir que sean detectados los incumplimientos injustificados de la jornada de trabajo.

d) La falta de cuidado o la negligencia en el ejercicio de las funciones propias.

68. Según la Ley 3/2007, de la Función Pública de la Comunidad Autónoma de las Illes Balears, las faltas muy graves prescriben:

a) A los 4 años.
b) A los 3 años.
c) A los 5 años.
d) Al año.

69. Según la Ley 3/2007, de la Función Pública de la Comunidad Autónoma de las Illes Balears, las faltas leves prescriben:

a) Al mes.
b) A los 3 meses.
c) A los 6 meses.
d) Al año.

70. Según la Ley 3/2007, de la Función Pública de la Comunidad Autónoma de las Illes Balears, por la comisión de faltas graves se podrá imponer la suspensión de funciones y retribuciones por un periodo:

a) Superior a diez días e inferior a un año.
b) Inferior a 6 meses.
c) Superior a un mes e inferior a dos años.
d) Superior a un año.

Solución al test n.º 21

1. a) A la inamovilidad en la condición de funcionario de carrera.

2. d) Dentro de los límites del ordenamiento jurídico.

3. d) Carrera profesional.

4. a) Dos años.

5. b) Evaluación del desempeño.

6. a) La evaluación del desempeño.

7. c) Las cuantías de las retribuciones básicas y el incremento de las cuantías globales de las retribuciones complementarias de los funcionarios, así como el incremento de la masa salarial del personal laboral, deberán reflejarse para cada ejercicio presupuestario en la correspondiente ley de presupuestos.

8. d) Retribución diferida.

9. d) Como mínimo, se corresponderán a las del sueldo del Subgrupo o Grupo, en el supuesto de que este no tenga Subgrupo, en que aspiren a ingresar.

10. b) Las correspondientes leyes de cada Administración Pública.

11. c) Del complemento por el esfuerzo con que el funcionario desempeña su trabajo.

12. a) No, en ningún caso.

13. c) Participación institucional.

14. d) La determinación de condiciones de trabajo del personal directivo.

15. d) 50 funcionarios.

16. d) La buena fe.

17. d) Al 40 % del colectivo convocado.

18. b) Los Delegados de Personal y las Juntas de Personal.

19. c) 3.

20. d) 15 horas mensuales.

21. a) Las Juntas de Personal se elegirán mediante listas cerradas a través de un sistema proporcional corregido, y los Delegados de Personal mediante listas abiertas y sistema mayoritario.

22. c) Las materias referidas a calendario laboral.

23. a) Las normas que fijen los criterios generales en materia de acceso, carrera, provisión, sistemas de clasificación de puestos de trabajo, y planes e instrumentos de planificación de recursos humanos.

24. d) 40 horas.

25. b) La elección se realizará mediante sufragio personal, directo, libre y secreto que podrá emitirse por correo o por otros medios telemáticos.

26. c) Entre 6 y 30 funcionarios.

27. b) 75.

28. d) Dos tercios de sus miembros.

29. b) La determinación de condiciones de trabajo de los empleados de la Administración Pública.

30. d) Sí, tanto en vía administrativa como en la jurisdiccional.

31. b) Deben tener en cuenta las previsiones establecidas en los convenios y acuerdos de carácter internacional ratificados por España.

32. c) Se rige por la legislación laboral, sin perjuicio de los preceptos del capítulo IV del título III del EBEP que expresamente les son de aplicación.

33. c) Se garantiza el cumplimiento de los convenios colectivos y acuerdos que afecten al personal laboral, salvo cuando excepcionalmente y por causa grave de interés público derivada de una alteración sustancial de las circunstancias económicas, los órganos de gobierno de las Administraciones Públicas suspendan o modifiquen el cumplimiento de convenios colectivos o acuerdos ya firmados en la medida estrictamente necesaria para salvaguardar el interés público.

34. a) Las Administraciones Públicas deberán informar a las organizaciones sindicales de las causas de la suspensión o modificación.

35. a) Los comités de empresa y los delegados de personal.

36. d) Cinco días.

37. b) 15 días.

38. a) Hasta el 50 % de la jornada laboral.

39. d) 5 días hábiles.

40. c) 1 hora de ausencia del trabajo que podrá dividir en dos fracciones.

41. a) Un máximo de 2 horas diarias percibiendo las retribuciones íntegras.

42. d) Dieciocho semanas.

43. c) 22 días hábiles.

44. d) A tiempo completo o a tiempo parcial.

45. d) Guardarán secreto de las materias clasificadas.

46. d) Ajustar su actuación a los principios de lealtad y buena fe con la Administración en la que presten sus servicios, y con sus superiores, compañeros, subordinados y con los ciudadanos.

47. c) Diligencia.

48. c) Ventaja injustificada.

49. a) Economía.

50. b) No exista justa causa.

51. a) Mantendrán la debida discreción.

52. c) Realizar el desempeño de las tareas correspondientes a su puesto de trabajo de forma diligente y cumpliendo la jornada y el horario establecidos.

53. d) Austeridad.

54. c) Sí, siempre que sea oficial en el territorio.

55. c) Ejercer sus atribuciones según el principio de dedicación al servicio público absteniéndose no solo de conductas contrarias al mismo, sino también de cualesquiera otras que comprometan la neutralidad en el ejercicio de los servicios públicos.

56. a) Ley 53/1984, de 26 de diciembre.

57. c) Falta muy grave.

58. b) Tendrá la consideración de falta grave.

59. b) La percepción de pensión de jubilación por un régimen público de Seguridad Social será incompatible con la situación del personal emérito.

60. a) El cargo de Director General.

61. c) Un 45 %.

62. d) De toma de posesión.

63. b) 2 meses.

64. a) El desempeño de cargos de todo orden en Empresas o Sociedades privadas, siempre que la actividad de las mismas no esté directamente relacionada con las que gestione el Departamento, Organismo o Entidad en que preste sus servicios.

65. b) 40 horas.

66. c) El abandono del servicio, así como la no asunción voluntaria de las tareas o funciones encomendadas.

67. a) Los actos limitativos de la libre expresión del pensamiento, las ideas y las opiniones.

68. b) A los 3 años.

69. c) A los 6 meses.

70. a) Superior a diez días e inferior a un año.

TEST N.º 22

Las haciendas locales. Los presupuestos de las entidades locales: conceptos básicos

1. La principal fuente de financiación de las Haciendas Locales son los/las:

a) Créditos obtenidos de las instituciones financieras.
b) Ingresos de Derecho Privado.
c) Tributos propios.
d) Prestaciones personales de los vecinos.

2. Nuestra vigente Constitución, respecto de las Haciendas Locales, consagra el principio de:

a) Autodeterminación.
b) Suficiencia.
c) Autonomía.
d) Dependencia del Estado.

3. Para alcanzar el principio de suficiencia, en relación con los tributos del Estado y de las Comunidades Autónomas, las Haciendas Locales:

a) Se encargarán de gestionarlos y recaudarlos.
b) Percibirán las cantidades abonadas por los mismos.
c) Participarán de los resultados de dichos tributos.
d) Determinarán cuáles se implantan en el respectivo territorio de la Entidad Local de que se trate.

4. En cualquier caso, los recursos con que cuenten las Haciendas Locales:

a) Han de ser suficientes para el cumplimiento de los fines de las Entidades Locales.
b) Deben tener carácter tributario.
c) Solo deben gestionarse por las propias Haciendas Locales.
d) Todo lo anterior es correcto.

5. Los recursos con que cuenten las Haciendas Locales han de estar previstos, previa y originariamente, en un/una:

a) Ley ordinaria de las Cortes Generales.
b) Ley de los Parlamentos Autonómicos.
c) Ordenanza Fiscal de la propia Entidad.
d) Reglamento de carácter general.

6. Es una figura tributaria un/una:

a) Precio público.
b) Operación de crédito.
c) Tasa.
d) Subvención.

7. Es una figura tributaria un/una:

a) Precio público.
b) Subvención.
c) Multa.
d) Contribución especial.

8. La potestad tributaria de las Entidades Locales:

a) No tiene base legal alguna.
b) Es de carácter derivado o secundario.
c) En su territorio, tiene mayor valor que la propia del Estado.
d) La tienen reservada para la creación de sus propios tributos.

9. En cuanto a la posibilidad de dictar las Entidades Locales normas reglamentarias en materia tributaria:

a) Se manifiesta a través de Reglamentos Generales de Recaudación.
b) Se realiza mediante Bandos de los Alcaldes.
c) No se le reconoce legalmente.
d) Es requisito *sine qua non* para que puedan exigir sus tributos.

10. La figura a través de la cual se realiza dicha normación en esta materia por una Entidad Local es un/una:

a) Ley.
b) Ordenanza Fiscal.
c) Reglamento General.
d) Bando.

11. Respecto de los tributos previamente creados por una ley estatal como propios de las Entidades Locales, estas tienen:

a) Autonomía para establecerlos y exigirlos.
b) Que delegar en el Estado su gestión y recaudación.
c) Actuar al dictado de lo que señalen las Comunidades Autónomas respectivas.
d) Que ceder su aprovechamiento al propio Estado.

12. En relación con la gestión, recaudación e inspección de sus tributos propios, las Entidades Locales pueden:

a) Descentralizarlas en Entidades inferiores.
b) Concederlas a un particular o una empresa privada con personalidad jurídica.
c) Desconcentrarlas en otra Administración Pública.
d) Delegarlas en una Entidad Local de ámbito superior.

13. En relación con la gestión, recaudación e inspección de sus tributos propios y en relación con el Estado, las Entidades Locales pueden:

a) Desconcentrarle las competencias.
b) Descentralizarle las mismas.
c) Establecer mecanismos de colaboración.
d) Delegarle estas competencias.

14. En defecto de su legislación específica, debe aplicarse en esta materia la ley:

a) General Presupuestaria.
b) De Presupuestos Generales del Estado de cada año.
c) Del Procedimiento Administrativo Común de las Administraciones Públicas.
d) General Tributaria.

15. Tienen carácter privado los ingresos procedentes del/de los:

a) Tributos en general.
b) Tributos del Estado.
c) Patrimonio.
d) Precios públicos.

16. Para la cobranza de sus tributos, las Entidades Locales:

a) No gozan de privilegios o prerrogativas.
b) Tienen los propios del Estado.
c) Han de utilizar los servicios propios del Estado.
d) Deben constituir Entidades de Crédito.

17. Los ingresos que procedan de los bienes de dominio público local tienen la consideración de:

a) Derecho Público.
b) Derecho Privado.
c) Tributos en cualquier caso.
d) Atípicos.

18. En cambio, los rendimientos derivados del patrimonio de las Entidades Locales se consideran ingresos de:

a) Derecho Público.
b) Derecho Privado.
c) Carácter tributario.
d) Carácter excepcional.

19. Una condición para considerar de carácter privado los ingresos derivados de un derecho real en favor de una Entidad es que:

a) Sean tributarios.
b) Dicho derecho real no se halle afecto a un uso o servicio público.
c) No posea este tipo de derecho la susceptibilidad de valoración económica.
d) Todo lo anterior es correcto.

20. La adquisición de un bien donado por un particular se considera, a estos efectos:

a) Ingreso de dominio público local.
b) Ingreso de Derecho Público.
c) Ingreso de Derecho Privado.
d) Contribución especial.

21. Lo que abona un particular por la prestación de un servicio público que le afecta o beneficia, siendo de recepción obligatoria, es un/una:

a) Impuesto.
b) Contribución especial.
c) Tasa.
d) Precio público.

22. Si dicho servicio público no fuera de recepción obligatoria, el particular abonaría un/una:

a) Impuesto.
b) Contribución especial.
c) Tasa.
d) Precio público.

23. En los Municipios de gran población, el titular del órgano de gestión presupuestaria puede ser:

a) Un miembro de la Corporación.
b) Un funcionario de Administración Local con Habilitación de carácter Nacional necesariamente.
c) Un funcionario de la propia Corporación.
d) Ninguno de los anteriores.

24. La Intervención General Municipal, en los Municipios de gran población, ejerce las funciones de:

a) Control y fiscalización interna de la gestión económico-financiera y presupuestaria.
b) Contabilidad.
c) Tesorería.
d) Todas las anteriores son ejercidas por la misma.

25. Cuando una Entidad Local realiza una obra pública, en virtud de la cual un ciudadano experimenta en sus bienes un incremento de valor, puede exigirle el pago de un/una:

a) Impuesto.
b) Contribución especial.
c) Tasa.
d) Precio público.

26. En dicho supuesto, la recaudación que se obtenga se destinará a:

a) Sufragar obras de beneficencia.
b) Pagar los gastos de la obra.
c) Incrementar los fondos de la Caja de la Corporación.
d) Cualquiera de las anteriores finalidades.

27. Es de carácter obligatorio su establecimiento y exigencia, para los Ayuntamientos, el Impuesto sobre:

a) El Incremento de Valor de los Terrenos de Naturaleza Urbana.
b) Circulación de Vehículos.
c) Construcciones, Instalaciones y Obras.
d) Vehículos de Tracción Mecánica.

28. Es de carácter obligatorio su establecimiento y exigencia, para los Ayuntamientos, el Impuesto sobre:

a) La Radicación.
b) Actividades Económicas.

c) Construcciones, Instalaciones y Obras.
d) El Incremento de Valor de los Terrenos de Naturaleza Urbana.

29. En cambio, es potestativo para el Ayuntamiento el establecimiento y exigencia del Impuesto sobre:

a) Actividades Económicas.
b) Vehículos de Tracción Mecánica.
c) Construcciones, Instalaciones y Obras.
d) Bienes Inmuebles.

30. Los vehículos gravados por el Impuesto sobre Vehículos de Tracción Mecánica, han de:

a) Pertenecer a una Administración Pública como regla general.
b) Ser aptos para circular por vías públicas.
c) Ser destinados a su circulación exclusiva por vías privadas.
d) Las respuestas b) y c) son ciertas.

31. La figura impositiva que ha sustituido al desaparecido Impuesto Municipal de Solares es el Impuesto sobre:

a) Construcciones, Instalaciones y Obras.
b) Actividades Económicas.
c) Incremento de Valor de los Terrenos de Naturaleza Urbana.
d) Bienes Inmuebles.

32. La figura impositiva que ha sustituido al Impuesto Municipal sobre la Radicación es el Impuesto sobre:

a) Bienes Inmuebles.
b) Actividades Económicas.
c) Construcciones, Instalaciones y Obras.
d) Ninguno de los anteriores.

33. Los beneficios fiscales en los tributos locales han de estar reconocidos originariamente:

a) Por el Pleno de la Corporación.
b) En norma con rango de ley.
c) En la correspondiente Ordenanza Fiscal.
d) En la Ley General Tributaria.

34. Tiene el carácter de tributo indirecto el Impuesto sobre:

a) Actividades Económicas.
b) Incremento de Valor de los Terrenos de Naturaleza Urbana.
c) Construcciones, Instalaciones y Obras.
d) Vehículos de Tracción Mecánica.

35. En el Impuesto sobre el Incremento de Valor de los Terrenos de Naturaleza Urbana:

a) Se paga dicho incremento por la mera posesión de dichos bienes, unida al transcurso de los años.

b) El citado incremento ha de ponerse de manifiesto, por ejemplo, al transmitirse la propiedad del bien de que se trate.

c) Se grava cualquier terreno, al margen de su clasificación y calificación urbanística.

d) El incremento de que se trata ha de revertir a la colectividad en su integridad.

36. Respecto de las Áreas Metropolitanas está previsto el establecimiento de recargos sobre el siguiente Impuesto:

a) Construcciones, Instalaciones y Obras.

b) Actividades Económicas.

c) Incremento de Valor de los Terrenos de Naturaleza Urbana.

d) Bienes Inmuebles.

37. En relación con algún tributo de una Entidad Local, hay una previsión legal de establecimiento por otra Entidad de este tipo de un/una:

a) Impuesto.

b) Participación.

c) Recargo.

d) Precio Público.

38. Las operaciones de crédito a que pueden acudir las Entidades Locales no pueden instrumentarse a través de:

a) Hipotecas sobre los bienes patrimoniales de la Entidad.

b) Emisión de Deuda Pública.

c) Sustitución total o parcial de una operación de crédito preexistente.

d) Las respuestas a) y c) son ciertas.

39. Las operaciones de crédito a que pueden acudir las Entidades Locales han de ser:

a) A medio y largo plazo.

b) A corto y largo plazo.

c) Destinado a obras de mantenimiento.

d) Concertado necesariamente con Entidades Públicas.

40. Por el aprovechamiento especial del dominio público las Entidades Locales han de exigir un/una:

a) Contribución especial.

b) Precio público.

c) Tasa.

d) Prestación personal.

41. De los siguientes ingresos, han de destinarse precisamente a los fines por los que se establecen:

a) Los impuestos.
b) Las subvenciones.
c) Las contribuciones especiales.
d) Las respuestas b) y c) son ciertas.

42. El recurso de reposición contra una Ordenanza Fiscal:

a) Ha de interponerse a partir de su publicación en el Boletín Oficial de la Provincia o, en su caso, de la Comunidad Autónoma uniprovincial.
b) Puede interponerse desde el momento mismo de la aprobación definitiva de dicha Ordenanza.
c) Ha de basarse en las alegaciones efectuadas en el período de información pública habido en la tramitación de dicha Ordenanza.
d) Es inadmisible.

43. El recurso de reposición, en relación con los actos sobre aplicación y efectividad de un tributo local, en un Municipio de régimen común, es:

a) Inadmisible.
b) Potestativo para el particular.
c) Obligatorio.
d) El único posible en vía administrativa.

44. El ejercicio de la potestad de revisión de los actos dictados en vía de gestión tributaria se reserva al/a la:

a) Jurisdicción Contencioso-Administrativa.
b) Pleno de la Corporación.
c) Presidente de la Corporación.
d) Tribunal Económico-Administrativo competente.

45. Para que pueda producirse una compensación de deudas de una Entidad Local:

a) Ha de tenerla con un particular necesariamente.
b) Debe estar pendiente de exigirse.
c) No ha de haberse liquidado, produciéndose esta liquidación al efectuar dicha compensación.
d) Nada de lo anterior es correcto.

46. El Presupuesto, con respecto a los gastos, es un/una:

a) Previsión.
b) Límite mínimo.

c) Límite cuantitativo.

d) Cálculo aproximado.

47. Las obligaciones reconocidas y los derechos liquidados se aplicarán a los Presupuestos:

a) Por su importe íntegro.

b) En ningún supuesto.

c) Minorándose.

d) Nada de lo anterior es cierto.

48. Las reglas que deben seguirse en la ejecución del Presupuesto se contienen en la/las/los:

a) Memoria del mismo.

b) Delegaciones de gastos.

c) Bases de Ejecución.

d) Estudios Financieros.

49. A la obligación de la Entidad de destinar los créditos al fin específico que se detalle en la plasmación escrita del Presupuesto, sin poder realizar cambios o traslados de los mismos a otros fines no recogidos en el nivel de que se trate se le denomina:

a) Regulación de las transferencias de créditos.

b) Acumulación de varias fases de la ejecución del Presupuesto.

c) Niveles de vinculación jurídica de los créditos.

d) Disponibilidad presupuestaria.

50. Debe acompañarse como Anexo al Presupuesto General de una Corporación el/los:

a) Presupuestos de los Organismos Autónomos dependientes de la misma.

b) Estados de previsión de gastos e ingresos de las Sociedades Mercantiles de capital íntegro de la Entidad.

c) Estado de consolidación del Presupuesto de la propia Entidad con el de todos los Presupuestos y estados de previsión de sus Organismos Autónomos y Sociedades Mercantiles.

d) Las respuestas a) y b) son ciertas.

51. Debe acompañarse como Anexo al Presupuesto General de una Corporación el/los:

a) Niveles de vinculación jurídica de los créditos.

b) Presupuesto de los Organismos Autónomos dependientes de la Entidad.

c) Estados de Gastos.

d) Planes y programas de inversión y financiación.

52. Las estimaciones de los distintos recursos económicos a liquidar durante el ejercicio se contienen en/en el:

a) Estado de Ingresos.
b) Estado de previsión de gastos e ingresos.
c) Estado de Gastos.
d) Ninguno de ellos.

53. Por su parte, los créditos necesarios para atender el cumplimiento de las obligaciones ordinarias se contienen en/en el:

a) Estado de Ingresos.
b) Plan de Inversión.
c) Estado de Gastos.
d) Todos los anteriores.

54. El Plan de Inversiones de una Corporación debe coordinarse con el/los:

a) Planes de Etapas del Planeamiento Urbanístico.
b) Programa Financiero o de Financiación.
c) Planes de Inversiones de la Comunidad Autónoma.
d) Las respuestas a) y b) son ciertas.

55. El Plan de Inversiones de una Corporación debe completarse con el/los:

a) Programa de Actuación del Planeamiento Urbanístico.
b) Planes de Etapas del citado Planeamiento.
c) Planes de Inversión autonómicos.
d) Programa Financiero o de Financiación.

56. El Plan de Inversiones de una Corporación se formula por un plazo de:

a) Ocho años.
b) Un año, prorrogable uno más.
c) Cuatro años.
d) Dos años.

57. El Plan de Inversiones de una Corporación se revisa con carácter:

a) Trimestral.
b) Anual.
c) Bianual.
d) Semestral.

58. Del Plan de Inversiones se da cuenta, en un Municipio de régimen común, al/a la:

a) Junta de Gobierno Local, al comienzo de cada ejercicio.
b) Pleno coincidiendo con la aprobación del Presupuesto.

c) Alcalde, cada mes.

d) Opinión pública, al finalizar el mandato de la Corporación.

59. Con la revisión anual del Plan de Inversiones en un Municipio de régimen común:

a) Se liquida el mismo con carácter definitivo.

b) Se le añade un nuevo ejercicio a sus previsiones.

c) Censura la gestión de la Corporación.

d) Nada de lo anterior es correcto.

60. Los Presupuestos que se integran en el Presupuesto General de la Corporación deberán aprobarse:

a) Separadamente de este.

b) Con déficit equilibrado.

c) Sin déficit inicial.

d) Por el Alcalde.

61. Para que, a lo largo del ejercicio económico no se presente déficit en el Presupuesto:

a) Se compensarán en el mismo momento en que se acuerden los decrementos de los créditos y los incrementos de los ingresos.

b) Dicha compensación se efectuará respecto de los decrementos de los ingresos y los incrementos de los créditos.

c) No se llevará a cabo gasto alguno que lo provoque.

d) Se incrementarán los conceptos tributarios vigentes.

62. La estructura de los Presupuestos de las Corporaciones Locales se fija por el:

a) Presidente de las mismas.

b) Ministerio de Hacienda.

c) Pleno de ellas.

d) Interventor General de Fondos respectivo.

63. ¿Quién puede aprobar Reglamentos o Normas generales que desarrollen los procedimientos de ejecución del Presupuesto?

a) El Presidente de la Entidad Local.

b) La Junta General de la Entidad Local.

c) El Pleno de la Entidad Local.

d) El Alcalde de la Entidad Local.

64. Dentro de la clasificación por programas de los gastos, el Área de Gasto 1 se refiere a la:

a) Servicios públicos básicos.

b) Actuaciones de carácter económico.

c) Actuaciones de carácter general.
d) Actuaciones de protección y promoción social.

65. Las áreas de gasto se dividen con carácter inmediato en:

a) Grupos de programas.
b) Políticas de programas.
c) Políticas de gasto.
d) Capítulos de gasto.

66. En la Clasificación Económica de los Gastos no hay Capítulo:

a) De transferencias corrientes.
b) Número diez.
c) De gastos financieros.
d) De activos financieros.

67. Según la Clasificación Económica, los gastos se clasifican, dentro de las operaciones no financieras, en:

a) De obligaciones generales y obligaciones diversas.
b) De actividades generales y económicas.
c) Por objetivos.
d) De operaciones de capital y operaciones corrientes.

68. La política de gasto de los órganos de gobierno de una Corporación Local se incluye en la siguiente área de gasto:

a) 1.
b) 4.
c) 9.
d) 0.

69. Por su parte, la Cultura se incluye en la siguiente área de gasto:

a) 1.
b) 2.
c) 3.
d) 4.

70. Las partidas presupuestarias desarrollan, dentro de la Clasificación Económica de los gastos, los/las:

a) Subfunciones.
b) Subconceptos.
c) Programas.
d) Artículos.

71. El Capítulo 1 de la Clasificación Económica de los Gastos se refiere a:

a) Gastos financieros.
b) Transferencias corrientes.
c) Gastos de Personal.
d) Gastos de servicios.

72. La adquisición de activos financieros por las Entidades Locales, se recoge en el siguiente Capítulo de la Clasificación Económica de los Gastos:

a) 8.
b) 9.
c) 7.
d) 6.

73. Por su parte, dentro de dicha Clasificación, los gastos de indemnizaciones por razón del servicio a los funcionarios se recogen en el siguiente Capítulo:

a) Gastos de Personal.
b) Gastos en bienes corrientes y de servicios.
c) Transferencias corrientes.
d) Gastos Financieros.

74. En la Clasificación Económica de los Ingresos, la financiación de las Entidades procedente de la emisión de deuda pública se recoge en el siguiente Capítulo:

a) Transferencias corrientes.
b) Ingresos patrimoniales.
c) Pasivos Financieros.
d) Transferencias de capital.

75. El Presupuesto de las Entidades Locales legalmente debe aprobarse definitivamente:

a) Antes de concluir el ejercicio económico en el que haya de aplicarse.
b) Antes de concluir el ejercicio económico anterior a aquel en que vaya a regir.
c) Cuando lo estime oportuno la Corporación.
d) En el mes de enero del ejercicio económico a que se refiera.

76. A efectos de su aprobación, el Presidente de la Corporación remitirá al Pleno de la misma el proyecto de Presupuesto:

a) Antes del 15 de octubre del año anterior al en que va a regir.
b) Al finalizar el ejercicio económico anterior.
c) Cuando se lo demande el propio Pleno.
d) El primer día hábil del mes de enero del ejercicio económico al que se refiera.

77. En el supuesto de que no esté aprobado el Presupuesto antes del primer día del ejercicio económico a que se refiera:

a) No puede realizarse gasto alguno hasta que no se efectúe dicha aprobación.
b) Incurrirá en responsabilidad contable el Presidente.
c) Deberá incoarse expediente de habilitación de créditos.
d) Se prorroga automáticamente el del ejercicio anterior.

78. La formación del Proyecto de Presupuesto, en un Municipio de régimen común, es competencia del:

a) Pleno de la Corporación.
b) Presidente de la misma.
c) Interventor General de Fondos.
d) Tesorero.

79. El plazo de exposición al público de un Presupuesto, tras su aprobación inicial es de:

a) Treinta días hábiles.
b) Quince días hábiles.
c) Quince días naturales.
d) Un mes.

80. El Pleno de la Corporación tiene de plazo para resolver las reclamaciones presentadas en el período de exposición al público del Presupuesto:

a) Dos meses.
b) Un mes.
c) Treinta días.
d) Veinte días.

81. Debe insertarse el Presupuesto íntegramente en el:

a) Diario de mayor difusión de la Provincia.
b) Boletín Oficial de la Corporación, si lo tuviere.
c) Boletín Oficial de la Provincia.
d) Tablón de Edictos de la Corporación.

82. El Presupuesto entrará en vigor desde:

a) Su aprobación definitiva por el Pleno.
b) La recepción de copia del mismo por la Administración del Estado y de la Comunidad Autónoma respectiva.
c) La publicación en el diario de mayor circulación de la Provincia.
d) El ejercicio correspondiente, una vez publicado en el boletín oficial de la corporación, si lo tuviera, y, resumido por capítulos de cada uno de los presupuestos que lo integran, en el de la provincia o, en su caso, de la Comunidad Autónoma uniprovincial.

83. Contra la aprobación definitiva del Presupuesto el recurso que puede interponerse es:

a) Obligatoriamente, el de reposición como previo a la vía contencioso-administrativa.
b) Ante el Tribunal de Cuentas.
c) El contencioso-administrativo, sin necesidad de previa reposición.
d) El económico-administrativo.

84. El informe del Tribunal de Cuentas está previsto para el supuesto de que:

a) El Presupuesto se apruebe fuera del plazo señalado para ello.
b) Cuando la impugnación se refiera a la nivelación presupuestaria.
c) Se opte por prescindir del período de exposición al público.
d) Se lo pida el Presidente de la Corporación.

85. El acto mediante el cual se declara la existencia de un crédito exigible contra la Entidad derivado de un gasto autorizado y comprometido se denomina:

a) Ordenación de pago.
b) Disposición de gasto.
c) Liquidación de la obligación.
d) Autorización del gasto.

86. Cuando haya de efectuarse un gasto que no tenga crédito previsto en el Presupuesto se:

a) Hace un nuevo Presupuesto.
b) Acude a un suplemento de crédito.
c) Acude a un crédito extraordinario.
d) Utiliza un crédito no afectado.

87. ¿Cómo se denominan aquellas modificaciones del Presupuesto de Gastos en los que, siendo necesario realizar un gasto específico y determinado que no puede demorarse hasta el ejercicio siguiente, el crédito previsto resulta insuficiente y no puede ser objeto de ampliación?

a) Crédito extraordinario.
b) Suplemento de crédito.
c) Ampliación de crédito.
d) Crédito ampliable.

88. El Remanente Líquido de Tesorería, con el que financiar un crédito extraordinario o un suplemento de crédito, se integra por:

a) Mayores ingresos efectivamente recaudados que los previstos.
b) Fondos líquidos y derechos pendientes de cobro.
c) Anulaciones o bajas de créditos.
d) Operaciones especiales de crédito.

89. Se puede acudir a una operación de crédito para dotar un crédito extraordinario o un suplemento de crédito, con el fin de atender nuevos gastos por operaciones corrientes, siempre que la carga financiera de la Entidad no supere el siguiente porcentaje:

a) 25 %.
b) 10 %.
c) 5 %.
d) 50 %.

90. En el caso de acudir a una operación de crédito para dotar un crédito extraordinario o un suplemento de crédito, con el fin de atender nuevos gastos por operaciones corrientes, la operación de crédito ha de quedar cancelada:

a) Antes de que concluya el ejercicio económico en el que se contraiga.
b) Antes de dos años.
c) Antes de que se renueve la Corporación.
d) Utilizando créditos ampliables.

91. El expediente de habilitación de créditos ha de ser ejecutivo:

a) Después de renovarse la Corporación.
b) En cualquiera de los ejercicios que de mandato tenga la Corporación.
c) En el mismo ejercicio en el que se apruebe.
d) Cuando lo estime oportuno el Alcalde, según las necesidades planteadas.

92. El plazo para resolver una reclamación contra un acuerdo de habilitación de créditos por calamidades públicas es de:

a) Un mes.
b) Quince días.
c) Diez días.
d) Ocho días.

93. Tiene carácter inmediatamente ejecutivo un acuerdo sobre:

a) Habilitación de crédito extraordinario.
b) Habilitación de crédito extraordinario en caso de catástrofe pública.
c) Cualquier suplemento de crédito.
d) Ninguno de los anteriores.

94. La modificación del Presupuesto de gastos mediante la que, sin alterar la cuantía total del mismo, se imputa el importe total o parcial de un crédito a otras partidas presupuestarias con diferente vinculación jurídica se denomina:

a) Habilitación de créditos extraordinarios.
b) Transferencias de crédito.
c) Generaciones de créditos por ingresos.
d) Bajas por anulación.

95. El órgano competente para efectuar la liquidación del Presupuesto, en un Municipio de régimen común, es el/la:

a) Junta de Gobierno Local.
b) Pleno de la Corporación.
c) Tribunal de Cuentas.
d) Alcalde o Presidente.

96. ¿A quién corresponde la incoación del expediente de concesión de crédito extraordinario?

a) Al Pleno de la Entidad local.
b) A la Junta de Gobierno local.
c) Al Secretario de la Corporación local.
d) Al Presidente de la Entidad local.

97. Señala cuál de las siguientes no puede ser una modificación de crédito que se lleve a cabo en los Presupuestos de Gastos de la Entidad y de sus Organismos Autónomos:

a) La incorporación de remanentes de crédito de ejercicio anterior.
b) Las bajas por anulación.
c) La generación de créditos por ingresos.
d) Las transferencias de remanentes de otras entidades.

98. La confección de los estados demostrativos de la liquidación del Presupuesto de la Entidad local, deberá realizarse:

a) Antes del día 1 de marzo del ejercicio siguiente.
b) Antes del día 31 de diciembre del ejercicio actual.
c) Antes del día 31 de octubre del ejercicio siguiente.
d) Antes del día 1 de enero del ejercicio actual.

99. Los remanentes de crédito no estarán integrados por:

a) La diferencia entre los gastos dispuestos o comprometidos y las obligaciones reconocidas.
b) La suma de los créditos disponibles, créditos no disponibles y créditos retenidos pendientes de utilizar.
c) La diferencia entre los gastos reconocidos y las obligaciones pendientes de reconocer.
d) La diferencia entre los gastos autorizados y los gastos comprometidos.

100. Con carácter general, los remanentes de crédito, al cierre del ejercicio:

a) Quedarán anulados y no se podrán incorporar al Presupuesto del ejercicio siguiente.
b) Quedarán anulados pero se podrán incorporar al Presupuesto del ejercicio siguiente.
c) No son anulados y se podrán incorporar al Presupuesto del ejercicio siguiente.
d) Se incorporan al Presupuesto del ejercicio siguiente, en todo caso.

Solución al test n.º 22

1. c) Tributos propios.

2. b) Suficiencia.

3. c) Participarán de los resultados de dichos tributos.

4. a) Han de ser suficientes para el cumplimiento de los fines de las Entidades Locales.

5. a) Ley ordinaria de las Cortes Generales.

6. c) Tasa.

7. d) Contribución especial.

8. b) Es de carácter derivado o secundario.

9. d) Es requisito sine qua non para que puedan exigir sus tributos.

10. b) Ordenanza Fiscal.

11. a) Autonomía para establecerlos y exigirlos.

12. d) Delegarlas en una Entidad Local de ámbito superior.

13. c) Establecer mecanismos de colaboración.

14. d) General Tributaria.

15. c) Patrimonio.

16. b) Tienen los propios del Estado.

17. a) Derecho Público.

18. b) Derecho Privado.

19. b) Dicho derecho real no se halle afecto a un uso o servicio público.

20. c) Ingreso de Derecho Privado.

21. c) Tasa.

22. d) Precio público.

23. c) Un funcionario de la propia Corporación.

24. a) Control y fiscalización interna de la gestión económico-financiera y presupuestaria.

25. b) Contribución especial.

26. b) Pagar los gastos de la obra.

27. d) Vehículos de Tracción Mecánica.

28. b) Actividades Económicas.

29. c) Construcciones, Instalaciones y Obras.

30. b) Ser aptos para circular por vías públicas.

31. d) Bienes Inmuebles.

32. b) Actividades Económicas.

33. b) En norma con rango de ley.

34. c) Construcciones, Instalaciones y Obras.

35. b) El citado incremento ha de ponerse de manifiesto, por ejemplo, al transmitirse la propiedad del bien de que se trate.

36. d) Bienes Inmuebles.

37. c) Recargo.

38. a) Hipotecas sobre los bienes patrimoniales de la Entidad.

39. b) A corto y largo plazo.

40. c) Tasa.

41. d) Las respuestas b) y c) son ciertas.

42. d) Es inadmisible.

43. d) El único posible en vía administrativa.

44. b) Pleno de la Corporación.

45. d) Nada de lo anterior es correcto.

46. c) Límite cuantitativo.

47. a) Por su importe íntegro.

48. c) Bases de Ejecución.

49. c) Niveles de vinculación jurídica de los créditos.

50. c) Estado de consolidación del Presupuesto de la propia Entidad con el de todos los Presupuestos y estados de previsión de sus Organismos Autónomos y Sociedades Mercantiles.

51. d) Planes y programas de inversión y financiación.

52. a) Estado de Ingresos.

53. c) Estado de Gastos.

54. a) Planes de Etapas del Planeamiento Urbanístico.

55. d) Programa Financiero o de Financiación.

56. c) Cuatro años.

57. b) Anual.

58. b) Pleno coincidiendo con la aprobación del Presupuesto.

59. b) Se le añade un nuevo ejercicio a sus previsiones.

60. c) Sin déficit inicial.

61. b) Dicha compensación se efectuará respecto de los decrementos de los ingresos y los incrementos de los créditos.

62. b) Ministerio de Hacienda.

63. c) El Pleno de la Entidad Local.

64. a) Servicios públicos básicos.

65. c) Políticas de gasto.

66. b) Número diez.

67. d) De operaciones de capital y operaciones corrientes.

68. c) 9.

69. c) 3.

70. b) Subconceptos.

71. c) Gastos de Personal.

72. a) 8.

73. a) Gastos de Personal.

74. c) Pasivos Financieros.

75. b) Antes de concluir el ejercicio económico anterior a aquel en que vaya a regir.

76. a) Antes del 15 de octubre del año anterior en que va a regir.

77. d) Se prorroga automáticamente el del ejercicio anterior.

78. b) Presidente de la misma.

79. b) Quince días hábiles.

80. b) Un mes.

81. b) Boletín Oficial de la Corporación, si lo tuviere.

82. d) El ejercicio correspondiente, una vez publicado en el boletín oficial de la corporación, si lo tuviera, y, resumido por capítulos de cada uno de los presupuestos que lo integran, en el de la provincia o, en su caso, de la Comunidad Autónoma uniprovincial.

83. c) El contencioso-administrativo, sin necesidad de previa reposición.

84. b) Cuando la impugnación se refiera a la nivelación presupuestaria.

85. c) Liquidación de la obligación.

86. c) Acude a un crédito extraordinario.

87. b) Suplemento de crédito.

88. b) Fondos líquidos y derechos pendientes de cobro.

89. a) 25 %.

90. c) Antes de que se renueve la Corporación.

91. c) En el mismo ejercicio en el que se apruebe.

92. d) Ocho días.

93. b) Habilitación de crédito extraordinario en caso de catástrofe pública.

94. b) Transferencias de crédito.

95. d) Alcalde o Presidente.

96. d) Al Presidente de la Entidad local.

97. d) Las transferencias de remanentes de otras entidades.

98. a) Antes del día 1 de marzo del ejercicio siguiente.

99. c) La diferencia entre los gastos reconocidos y las obligaciones pendientes de reconocer .

100. a) Quedarán anulados y no se podrán incorporar al Presupuesto del ejercicio siguiente.

TEST N.º 23

Los ingresos tributarios: impuestos, tasas y contribuciones especiales. Los precios públicos. Las ordenanzas fiscales

1. Es un impuesto facultativo para los Ayuntamientos:

a) Impuesto sobre Vehículos de Tracción Mecánica.
b) Impuesto sobre Actividades Económicas.
c) Impuesto sobre el Incremento de Valor de los Terrenos de Naturaleza Urbana.
d) Impuesto sobre Bienes Inmuebles.

2. Constituye el hecho imponible del Impuesto sobre Bienes Inmuebles la titularidad del siguiente derecho sobre los bienes inmuebles rústicos y urbanos:

a) De un derecho real de hipoteca.
b) De un derecho real de servidumbre.
c) De un derecho real de usufructo.
d) De un derecho real de prenda.

3. A los efectos del Impuesto sobre Bienes Inmuebles tendrán la consideración de bienes inmuebles rústicos, de bienes inmuebles urbanos y de bienes inmuebles de características especiales los definidos como tales en las normas reguladoras del:

a) Registro de la Propiedad.
b) Inventario municipal.
c) Catastro Inmobiliario.
d) Ninguna respuesta es correcta.

4. No están sujetos al Impuesto sobre Bienes Inmuebles, siempre que sean de aprovechamiento público y gratuito para los usuarios:

a) Los bienes de uso privado.
b) Los bienes del dominio público hidráulico.
c) Las carreteras.
d) Las respuestas b) y c) son correctas.

5. La base imponible del Impuesto sobre Bienes Inmuebles estará constituida por:

a) El valor catastral de los bienes inmuebles.
b) El valor real de los bienes inmuebles.
c) El valor estimado de los bienes inmuebles.
d) El valor de mercado de los bienes inmuebles.

6. La cuota íntegra del Impuesto sobre Bienes Inmuebles será el resultado de:

a) Aplicar al tipo de gravamen la base liquidable.
b) Aplicar a la base liquidable el tipo de gravamen.
c) Minorar la cuota en el importe de las bonificaciones previstas legalmente.
d) Minorar la cuota líquida.

7. Las ordenanzas fiscales podrán regular una bonificación de la cuota íntegra del Impuesto sobre Bienes Inmuebles a favor de aquellos sujetos pasivos que ostenten la condición de titulares de familia numerosa:

a) De hasta el 80 por 100.
b) De hasta el 70 por 100.
c) De hasta el 90 por 100.
d) De hasta el 60 por 100.

8. El hecho imponible del Impuesto de Actividades Económicas estará constituido por:

a) Por el mero ejercicio en territorio nacional de actividades empresariales, profesionales o artísticas, siempre que se ejerzan en local determinado y se hallen especificadas en las Tarifas del Impuesto.
b) Por el mero ejercicio en territorio nacional de actividades empresariales, profesionales o artísticas, se ejerzan o no en local determinado y se hallen o no especificadas en las Tarifas del Impuesto.
c) Por el mero ejercicio en territorio nacional de actividades empresariales, profesionales o artísticas, se ejerzan o no en local determinado y se hallen especificadas en las Tarifas del Impuesto.
d) Por el mero ejercicio en territorio nacional de actividades empresariales, profesionales o artísticas, si se ejercen en local determinado aunque no se hallen especificadas en las Tarifas del Impuesto.

9. No constituyen hecho imponible del Impuesto de Actividades Económicas el ejercicio de las siguientes actividades:

a) La venta de productos tecnológicos.
b) El ejercicio de la actividad de abogado.
c) La venta de los productos que se reciben en pago de trabajos personales o servicios profesionales.
d) La prestación de servicios de psicología.

10. El periodo impositivo del Impuesto de Actividades Económicas:

a) Coincide con el mes natural.
b) Coincide con el año natural.
c) Depende de la actividad de que se trate.
d) Empieza a contarse transcurridos seis meses desde el inicio de la actividad.

11. En relación con el Impuesto sobre Vehículos de Tracción Mecánica se considera vehículo apto para la circulación:

a) El que hubiere sido matriculado en los registros públicos correspondientes.
b) Los provistos de permisos temporales.
c) Los provistos de matrícula turística.
d) Todas las respuestas son verdaderas.

12. Están exentos del Impuesto sobre Vehículos de Tracción Mecánica:

a) Las ambulancias.
b) Los vehículos taxis.
c) Los vehículos de representaciones diplomáticas.
d) Las respuestas a) y c) son correctas.

13. Los Ayuntamientos podrán bonificar las cuotas del Impuesto sobre Vehículos de Tracción Mecánica hasta el 75 por 100:

a) Para los vehículos históricos.
b) Para aquellos que tengan una antigüedad mínima de veinticinco años contados a partir de la fecha de su fabricación.
c) En razón a la incidencia de la combustión del carburante en el medio ambiente.
d) Todas las respuestas son falsas.

14. La cuota del Impuesto sobre Vehículos de Tracción Mecánica se prorrateará por trimestres naturales:

a) En los casos de primera adquisición.
b) En los supuestos de segunda compra del vehículo.
c) En los supuestos de baja temporal por sustracción o robo del vehículo.
d) Las respuestas a) y c) son correctas.

15. El Impuesto sobre Construcciones, Instalaciones y Obras se exigirá:

a) Se haya obtenido o no la licencia de obras.
b) Siempre que se haya obtenido la licencia de obras.
c) En los casos que conste la solicitud de la licencia de obras.
d) Desde la solicitud de la licencia de obras.

16. En relación a la base imponible del Impuesto sobre Construcciones, Instalaciones y Obras:

a) Estará constituida por el coste estimado de la construcción, instalación u obra.

b) Ha de incluirse en el coste de las obras el Impuesto sobre el Valor Añadido y demás impuestos análogos.

c) No se incluyen en el coste de las obras las tasas, precios públicos y demás prestaciones patrimoniales de carácter público local.

d) Ha de incluirse en el coste de las obras los honorarios de profesionales y el beneficio empresarial del contratista.

17. El tipo de gravamen del Impuesto sobre Construcciones, Instalaciones y Obras:

a) No podrá exceder del 3 por 100.

b) No podrá exceder del 4 por 100.

c) No podrá exceder del 2 por 100.

d) No podrá exceder del 5 por 100.

18. Serán sujetos pasivos del Impuesto sobre Construcciones, Instalaciones y Obras:

a) Las personas físicas que sean dueños de la obra y sean propietarios del inmueble sobre el que se realice aquella.

b) Las personas físicas que sean dueños de la obra, sean o no propietarios del inmueble sobre el que se realice aquella.

c) Las personas físicas que sean propietarios del inmueble sobre el que se realice la obra.

d) Las personas físicas que realicen la obra.

19. En relación al Impuesto sobre el Incremento de Valor de los Terrenos de Naturaleza Urbana:

a) El incremento se puede poner de manifiesto a consecuencia de la transmisión de cualquier derecho real de goce.

b) Es un tributo directo que grava el incremento de valor que experimenten terrenos rústicos y se ponga de manifiesto a consecuencia de la transmisión de la propiedad de los terrenos.

c) Los bienes han de estar contemplados en el Catastro.

d) Ninguna respuesta es correcta.

20. El tipo de gravamen del Impuesto sobre el Incremento de Valor de los Terrenos de Naturaleza Urbana será el fijado por cada ayuntamiento, sin que dicho tipo pueda exceder del:

a) 40 %.

b) 50 %.

c) 30 %.
d) 60 %.

21. No se producirá la sujeción al Impuesto sobre el Incremento de Valor de los Terrenos de Naturaleza Urbana en los supuestos de:

a) Transmisiones que se hagan a los cónyuges en pago de sus haberes privativos.
b) Transmisiones de bienes inmuebles a favor de los hermanos como consecuencia del cumplimiento de sentencias de divorcio matrimonial
c) Pago de deudas vencidas y líquidas con bienes inmuebles
d) Aportaciones de bienes y derechos realizadas por los cónyuges a la sociedad conyugal.

22. Las Entidades locales podrán establecer tasas por el siguiente supuesto de utilización privativa o aprovechamiento especial del dominio público local:

a) Otorgamiento de licencias.
b) Autorización para utilizar en placas el escudo de la Entidad local.
c) Guardería rural.
d) Entradas de vehículos a través de las aceras.

23. Las Entidades locales podrán establecer tasas por prestación de servicios o de realización de actividades administrativas de competencia local en el siguiente supuesto:

a) Recogida de residuos sólidos urbanos.
b) Portadas, escaparates y vitrinas.
c) Instalación de quioscos en la vía pública.
d) Instalación de puestos y casetas de venta.

24. No podrán exigirse tasas por el servicio siguiente:

a) Servicios de alcantarillado.
b) Celebración de los matrimonios en forma civil.
c) Limpieza de la vía pública.
d) Inspección de vehículos.

25. El importe de las tasas por la prestación de un servicio:

a) No podrá exceder del coste real del servicio.
b) No podrá exceder del coste previsible del servicio.
c) No podrá exceder, en cualquier caso, del valor de la prestación recibida.
d) Todas las respuestas son correctas.

26. Las tasas podrán devengarse:

a) Cuando se presente la solicitud que de por finalizada la actuación.
b) Cuando se inicie el uso privativo.

c) Cuando finalice la prestación del servicio.
d) Cuando termine el aprovechamiento especial.

27. En las contribuciones especiales no se considerará sujeto pasivo en su condición de persona especialmente beneficiada por la realización de las obras o por el establecimiento o ampliación de los servicios locales:

a) En las contribuciones especiales por el establecimiento de los servicios de extinción de incendios el Servicio municipal de Protección contra Incendios.
b) En las contribuciones especiales por construcción de galerías subterráneas, las empresas suministradoras que deban utilizarlas.
c) En las contribuciones especiales por el establecimiento de los servicios de extinción de incendios las compañías de seguros que desarrollen su actividad en el ramo, en el término municipal correspondiente.
d) En las contribuciones especiales por realización de obras que afecten a bienes inmuebles, sus propietarios.

28. Respecto a las contribuciones especiales no integra el coste que la Entidad Local soporte por la realización de las obras o por el establecimiento o ampliación de los servicios:

a) El importe de las obras a realizar.
b) El coste de la publicidad de las obras.
c) El coste real de los trabajos periciales.
d) Las indemnizaciones procedentes por el derribo de construcciones.

29. Respecto a las contribuciones especiales, el acuerdo de ordenación:

a) Podrá no dictarse.
b) Será de inexcusable adopción.
c) Es ejecutivo.
d) Ha de publicarse en el BOE.

30. La fijación de los precios públicos corresponderá:

a) Al Pleno.
b) A la Junta de Gobierno.
c) Al alcalde.
d) Al Presidente.

31. Las Licencias Fiscales de Actividades Comerciales e Industriales y de Profesionales y Artistas han sido sustituidas por el Impuesto sobre:

a) Bienes Inmuebles.
b) Instalaciones y Obras.
c) Actividades Económicas.
d) Ninguno de ellos.

32. Es facultativa para los Ayuntamientos la implantación del Impuesto sobre:

a) Incremento de Valor de los Terrenos de Naturaleza Urbana.
b) Vehículos de Tracción Mecánica.
c) Actividades Económicas.
d) Bienes Inmuebles.

33. En el Impuesto sobre Bienes Inmuebles se grava, respecto de los terrenos a que se refiere:

a) La mera pertenencia a un sujeto pasivo.
b) El valor de los mismos.
c) Cualquier derecho, real o personal, que se constituya en ellos.
d) Todo lo anterior.

34. El hecho imponible del Impuesto sobre Bienes Inmuebles viene constituido por el/la:

a) Propiedad de los bienes inmuebles.
b) Titularidad de un derecho real de usufructo o de superficie, o de la concesión administrativa sobre dichos bienes o sobre los servicios públicos a que estén afectados.
c) Valor de los bienes.
d) Las respuestas a) y b) son ciertas.

35. A los efectos del Impuesto sobre Bienes Inmuebles, la consideración de bienes inmuebles rústicos, de bienes inmuebles urbanos y de bienes inmuebles de características especiales se define por:

a) Cada Ayuntamiento, a través de acuerdo plenario.
b) El Plan General de Ordenación urbana vigente en cada Municipio.
c) Las normas reguladoras del Catastro Inmobiliario.
d) Las Ordenanzas Fiscales del Ayuntamiento.

36. Si un mismo inmueble se encuentra localizado en distintos términos municipales, se entenderá, a efectos del Impuesto sobre Bienes Inmuebles, que pertenece:

a) Al Municipio de mayor población.
b) A cada uno de los Municipios afectados, por partes iguales.
c) A cada uno de los Municipios, por la superficie real que ocupe en su término.
d) Al Municipio en el que tenga mayor superficie.

37. Para que una carretera no esté sujeta al Impuesto sobre Bienes Inmuebles, debe ser:

a) De titularidad privada.
b) Patrimonial del Estado.

c) De peaje.

d) De aprovechamiento público y gratuito para los usuarios.

38. Están exentos de pagar este Impuesto los bienes inmuebles que pertenezcan al/a la:

a) Estado.

b) Cruz Roja.

c) Comunidad Autónoma.

d) Todos los anteriores.

39. El valor catastral de los bienes se determinará por el/las:

a) Normas del Catastro Inmobiliario.

b) Normas de expropiación forzosa.

c) Pleno de cada Ayuntamiento.

d) Normas Urbanísticas del Plan General de Ordenación.

40. La cuota íntegra se obtiene de aplicar el tipo de gravamen al/a la:

a) Hecho imponible.

b) Cuota tributaria.

c) Base liquidable.

d) Sujeto pasivo.

41. Una vez hechas en la base imponible las reducciones que procedan, se obtiene el/la:

a) Tipo de gravamen.

b) Cuota.

c) Base liquidable.

d) Nada de lo anterior.

42. La bonificación prevista sobre bienes inmuebles que constituyan el objeto de la actividad de las empresas de construcción y no figuren entre los bienes de su inmovilizado, en ningún caso puede exceder de:

a) Un año desde el comienzo de la construcción.

b) Un año desde que se inició la urbanización.

c) Tres períodos impositivos a contar desde el siguiente a la iniciación de la urbanización o construcción.

d) Las respuestas a) y b) son correctas.

43. El Impuesto sobre Bienes Inmuebles se devenga:

a) El primer día del período impositivo.

b) Al final de este período impositivo.

c) Con motivo de la venta de los bienes a él sujetos.

d) Cada cinco años.

44. La revisión de los actos dictados en vía de gestión tributaria en el Impuesto sobre Bienes Inmuebles, corresponde al/a la:

a) Propio Ayuntamiento.
b) Centro de Gestión Catastral y Cooperación Tributaria.
c) Delegación del Ministerio de Hacienda de cada Provincia.
d) Dirección General del Catastro.

45. El Impuesto sobre Actividades Económicas en un tributo:

a) Directo y real.
b) Directo y personal.
c) Indirecto y real.
d) Indirecto y personal.

46. Para que las actividades ganaderas estén gravadas por el Impuesto sobre Actividades Económicas:

a) Han de tener carácter dependiente.
b) Deben desarrollarse mediante la estabulación del ganado fuera de las fincas rústicas.
c) Ha de tratarse de ganado trashumante o transterminante.
d) Las respuestas b) y c) son correctas.

47. No constituyen hecho imponible del Impuesto sobre Actividades Económicas la/las:

a) Actividades ganaderas independientes.
b) Actividades mineras.
c) Venta de productos que se reciben en pago de trabajos personales.
d) Ventas reiteradas de artículos al por menor.

48. La cuota tributaria en el Impuesto sobre Actividades Económicas, resulta de:

a) Aplicar las tarifas del mismo y, en su caso, el coeficiente y las bonificaciones previstos por la ley y acordados por cada Ayuntamiento.
b) La realización de la actividad gravada por el mismo.
c) Un porcentaje fijo por cada actividad gravada.
d) Lo que determine cada año el Presupuesto de cada Ayuntamiento.

49. La liquidación, recaudación y revisión de los actos dictados en vía de gestión tributaria del Impuesto sobre Actividades Económicas, es competencia del/de la:

a) Centro de Gestión Catastral y Cooperación Tributaria.
b) Ayuntamiento respectivo.
c) Administración Tributaria del Estado.
d) Ninguno de los anteriores.

50. La cifra de negocios que exime de estar sujeto al pago del Impuesto sobre Actividades Económicas en determinados casos, ha de ser inferior a:

a) Un millón de euros.
b) Dos millones de euros.
c) Diez millones de euros.
d) No hay fijada una en concreto.

51. En el supuesto de espectáculos aislados, este Impuesto sobre Actividades Económicas se devenga:

a) Globalmente, cada año.
b) Considerando los realizados cada semestre.
c) Trimestralmente.
d) Al realizarse cada uno de ellos.

52. Con carácter general, el período impositivo en el Impuesto sobre Actividades Económicas, coincide con el:

a) Comienzo y fin de cada actividad gravada por el mismo.
b) Primer día del año natural.
c) Cada año natural.
d) Comienzo de la actividad, durante los años que dure.

53. Un vehículo dado de baja por antigüedad, pero autorizado para circular excepcionalmente con ocasión de un certamen o exhibición, a los efectos del Impuesto sobre Vehículos de Tracción Mecánica:

a) Está sujeto en su integridad.
b) Goza de una bonificación del 90 %.
c) Solo es gravado proporcionalmente por el tiempo en que sea utilizado en dichos certamen o exhibición.
d) No está sujeto.

54. Los coches adaptados para la conducción por disminuidos físicos, a efectos del Impuesto sobre Vehículos de Tracción Mecánica:

a) Están exentos en todo caso.
b) Quedan exentos cuando la minusvalía del titular sea igual o superior al 33%.
c) Solo son objeto de una bonificación.
d) Están sujetos como cualquier vehículo.

55. Está exento de pagar del Impuesto sobre Vehículos de Tracción Mecánica un vehículo:

a) Con permiso temporal.
b) De representación diplomática.

c) Con matrícula turística.

d) Dado de alta.

56. La modificación por los Ayuntamientos de las cuotas fijadas en el Impuesto sobre Vehículos de Tracción Mecánica, ha de realizarse en función del/de la/de los:

a) Población del Municipio de que se trate.

b) Hecho de que el vehículo sea de primera o segunda u otras adquisiciones.

c) Caballos fiscales de cada vehículo.

d) Concurrencia de cualquiera de los tres supuestos anteriores.

57. En el caso de que a mediados del año se adquiera un vehículo de otro propietario, ya, por lo tanto, matriculado:

a) El período impositivo comenzará desde dicho momento.

b) Se prorrateará la cuota por trimestres naturales.

c) El segundo adquirente pagará al Ayuntamiento la parte proporcional que le corresponda.

d) Nada de lo anterior es cierto.

58. Si una Comunidad Autónoma establece un Impuesto sobre la materia propia del Impuesto sobre Vehículos de Tracción Mecánica:

a) Se suprimirá este en dicha Comunidad Autónoma.

b) Solo será objeto de supresión en los Municipios que así lo acuerden.

c) Se reducirá del importe del Impuesto Municipal lo que se pague a la Comunidad Autónoma.

d) Se cobrará ambos Impuestos, sin rebaja de tipo alguno.

59. En caso de baja del vehículo durante el año natural, la cuota del Impuesto sobre Vehículos de Tracción Mecánica se:

a) Prorratea por semestres.

b) Prorratea por trimestres.

c) Paga íntegramente.

d) Cobra al chatarrista.

60. El hecho de no obtener Licencia de Obras y realizarlas, a los efectos del Impuesto sobre Construcciones, Instalaciones y Obras:

a) No exime de su pago.

b) Al no estar fiscalizadas municipalmente dichas obras, no puede quedar sujeto al Impuesto.

c) Supone un recargo en el mismo, en el que se contemple la infracción urbanística realizada.

d) Las respuestas a) y c) son correctas.

61. La base imponible en el Impuesto sobre Construcciones, Instalaciones y obras está constituida por:

a) El coste real y efectivo de la construcción, instalación u obra.
b) Un 2% de dicho coste.
c) La mera realización de las actividades gravadas.
d) La autoliquidación que efectúen los interesados.

62. El devengo del Impuesto sobre Construcciones, Instalaciones y obras se produce:

a) Cuando se pida la Licencia de Obras.
b) Al iniciarse la construcción, instalación u obra.
c) Al concluirse dichas construcción, instalación u obras.
d) El primer día del año natural.

63. Las Ordenanzas Fiscales pueden regular una bonificación sobre la cuota del Impuesto sobre Construcciones, Instalaciones y obras, a favor de obras declaradas de interés especial, de cómo máximo hasta el:

a) 95 %.
b) 50 %.
c) 60 %.
d) 90 %.

64. El sujeto pasivo del Impuesto sobre el Incremento del Valor de los Terrenos de Naturaleza Urbana, al transmitirse los mismos, es el:

a) Adquirente, si la transmisión es a título lucrativo.
b) Adquirente, si la transmisión es a título oneroso.
c) Transmitente, si la transmisión es a título lucrativo.
d) Adquirente o Transmitente, indistintamente.

65. El incremento puesto de manifiesto en el momento del devengo del Impuesto sobre el Incremento del Valor de los Terrenos de Naturaleza Urbana, que se tiene en cuenta en el mismo, es el experimentado a lo largo de un período máximo de:

a) Cincuenta años.
b) Quince años.
c) Diez años.
d) Veinte años.

66. El tipo de gravamen del Impuesto sobre el Incremento del Valor de los Terrenos de Naturaleza Urbana será fijado por cada Ayuntamiento, sin que pueda exceder del siguiente porcentaje:

a) 10 %.
b) 30 %.

c) 25 %.
d) 4 %.

67. En el supuesto de constitución de un derecho real de goce limitado del dominio, este Impuesto sobre el Incremento del Valor de los Terrenos de Naturaleza Urbana se devenga por este concepto:

a) Al extinguirse dicho derecho real.
b) Como consecuencia de la transmisión del inmueble sobre el que se constituye.
c) En el momento de la citada constitución.
d) En ningún momento.

68. Cuando se trate de actos inter vivos, el plazo para presentar la declaración los interesados en el Impuesto sobre el Incremento del Valor de los Terrenos de Naturaleza Urbana, es de:

a) Dos meses.
b) Seis meses.
c) Treinta días hábiles.
d) Un año.

69. Si, por el contrario, es un acto mortis causa, este plazo será de:

a) Treinta días naturales.
b) Un año como mínimo.
c) Treinta días hábiles.
d) Seis meses.

70. El plazo a que se refieren las dos preguntas anteriores se cuenta a partir de:

a) La fecha en que se produzca el devengo del Impuesto.
b) Que se produzca efectivamente la declaración.
c) Que la Administración requiera a los sujetos interesados.
d) Nada de lo anterior es cierto.

71. Los Notarios están obligados a presentar una relación o índice de los documentos por ellos autorizados en los que se contengan hechos, actos o negocios jurídicos que pongan de manifiesto la realización del hecho imponible de este Impuesto:

a) En la primera quincena del primer mes de cada año, referida al año anterior.
b) En la primera quincena de cada semestre, referida al anterior.
c) En la primera quincena de cada trimestre, referida al anterior.
d) Al final de cada mes.

72. No se puede exigir Tasas:

a) Por la expedición de una Licencia de Obras.
b) Por la vigilancia pública en general.

c) Por prestación de un servicio de recepción obligatoria.
d) En ninguno de los supuestos anteriores.

73. Tienen la condición de sustitutos del contribuyente en las Tasas por prestación del Servicio de Extinción de Incendios el/las:

a) Propietario del inmueble incendiado.
b) Inquilino del mismo.
c) Entidades o sociedades aseguradoras del riesgo.
d) Cualquiera de los anteriores.

74. En las Tasas por razón de servicios que beneficien a los ocupantes de viviendas o locales, los propietarios de dichos inmuebles:

a) Pueden repercutirlas sobre los mismos.
b) Han de pagarlas proporcionalmente con ellos.
c) Son los únicos responsables de su pago.
d) Son los directamente responsables, actuando dichos ocupantes como sustitutos suyos.

75. Un factor que se puede tener en cuenta al determinar la cuantía de las Tasas es:

a) Genéricamente, la capacidad económica de los sujetos obligados.
b) Individualmente, dicha capacidad económica.
c) El coste del servicio, excluidos los gastos de carácter financiero.
d) La inclusión en ella de los gastos financieros sufragados por Contribuciones Especiales.

76. En las Contribuciones Especiales por construcción de galerías subterráneas se consideran especialmente beneficiadas a efectos de la exigencia de las mismas los/las:

a) Propietarios de los edificios bajo cuyo suelo se ubiquen.
b) Empresas aseguradoras.
c) Empresas suministradoras que deban utilizarlas.
d) Consumidores finales de los servicios de que se trate.

77. El fraccionamiento en el pago de las Contribuciones Especiales:

a) No está permitido.
b) Es obligatorio para la Corporación.
c) No debe exceder de cinco años.
d) No excederá de diez años.

78. La colaboración ciudadana en materia de Contribuciones Especiales está prevista a través de:

a) Asociaciones administrativas de consumidores.
b) Asociaciones administrativas de contribuyentes.

c) Organizaciones de empresas favorecidas por los servicios.
d) Cualquiera de las tres formas anteriores.

79. No podrán exigirse precios públicos por:

a) La enseñanza en los niveles de educación obligatoria.
b) Protección civil.
c) El abastecimiento de aguas en fuentes públicas.
d) Todas las anteriores son correctas.

80. Los precios políticos son:

a) Precios públicos por debajo de los límites establecidos con carácter general para los mismos.
b) Precios públicos por encima de dichos límites.
c) Los que se giran a personas que ostenten representación de este tipo.
d) Los girados a instituciones públicas.

81. En el Impuesto sobre Bienes Inmuebles, en el caso de inmuebles de características especiales, cuando la condición de contribuyente recaiga en varios concesionarios:

a) Tributará el que tenga mayor cuota.
b) Cada uno de ellos tributará por su cuota.
c) Tributarán por partes iguales, sin perjuicio de repercutir lo que exceda de sus cuotas.
d) Solo podrá tributar uno de ellos, sin perjuicio de que posteriormente lo repercuta a los demás.

82. En el Impuesto sobre Vehículos de Tracción Mecánica, a gestión, liquidación, inspección y recaudación, así como la revisión de los actos dictados en vía de gestión tributaria corresponden:

a) Al Ayuntamiento del domicilio que conste en el permiso de circulación del vehículo.
b) Al Ayuntamiento del domicilio del titular del vehículo.
c) A la Comunidad Autónoma en la que conste inscrito el permiso de circulación del vehículo.
d) A la Comunidad Autónoma del domicilio del titular del vehículo.

83. La obtención por el sujeto pasivo de un beneficio o de un aumento de valor de sus bienes como consecuencia de la realización de obras públicas o del establecimiento o ampliación de servicios públicos, de carácter local, por las Entidades respectivas, constituye el hecho imponible de:

a) Las Tasas.
b) Los Precios Públicos.

c) Las Contribuciones especiales.
d) Los Impuestos.

84. La obligación de pagar el precio público nace:

a) Desde que finaliza la prestación del servicio o la realización de la actividad.
b) Desde que la Entidad local tiene conocimiento de la finalización del servicio o la realización de la actividad.
c) Desde que se inicie la prestación del servicio o la realización de la actividad.
d) En cualquier momento en el que se esté llevando a cabo la prestación del servicio o la realización de la actividad.

85. La fijación de los precios públicos puede delegarse, en un Municipio de régimen común, por el:

a) Alcalde en el Pleno.
b) Pleno en la Junta de Gobierno Local.
c) Pleno en el Alcalde.
d) Pleno en una empresa.

86. En el caso de los Municipios de gran población, el proyecto de Ordenanza fiscal, antes de elevarlo al Pleno, se aprobará por:

a) El Alcalde.
b) El Presidente de dicha Entidad Local.
c) El Interventor.
d) La Junta de Gobierno Local.

87. Las Ordenanzas Fiscales de un Ayuntamiento se aprueban definitivamente, en su caso, por el/la:

a) Administración Tributaria del Estado.
b) Respectiva Comunidad Autónoma.
c) Diputación Provincial correspondiente.
d) Propio Ayuntamiento.

88. El órgano competente para adoptar el acuerdo de aprobación provisional de una Ordenanza Fiscal en un Ayuntamiento es el/la:

a) Pleno de la Entidad.
b) Presidente de la misma.
c) Junta de Gobierno Local.
d) Cualquiera de ellos.

89. El acuerdo de aprobación provisional de una Ordenanza Fiscal, además de en el Boletín Oficial de la Provincia, debe anunciarse abriendo el período de información pública, tratándose de un Ayuntamiento de menos de 5.000 habitantes, en:

a) El Boletín de la Comunidad Autónoma, si es pluriprovincial.

b) Un diario de mayor difusión del Estado.

c) Un diario de mayor difusión de la Provincia.

d) Nada de lo anterior es cierto.

90. La exposición al público para sugerencias y reclamaciones se efectúa:

a) Solo en los Ayuntamientos de más de 10.000 habitantes.

b) Tras la aprobación definitiva.

c) Antes de esta aprobación (si se han presentado reclamaciones o sugerencias) y después de la aprobación provisional.

d) Como trámite previo a cualquier tipo de aprobación.

Solución al test n.º 23

1. c) Impuesto sobre el Incremento de Valor de los Terrenos de Naturaleza Urbana.

2. c) De un derecho real de usufructo.

3. c) Catastro Inmobiliario.

4. d) Las respuestas b) y c) son correctas.

5. a) El valor catastral de los bienes inmuebles.

6. b) Aplicar a la base liquidable el tipo de gravamen.

7. c) De hasta el 90 por 100.

8. b) Por el mero ejercicio en territorio nacional de actividades empresariales, profesionales o artísticas, se ejerzan o no en local determinado y se hallen o no especificadas en las Tarifas del Impuesto.

9. c) La venta de los productos que se reciben en pago de trabajos personales o servicios profesionales.

10. b) Coincide con el año natural.

11. d) Todas las respuestas son verdaderas.

12. d) Las respuestas a) y c) son correctas.

13. c) En razón a la incidencia de la combustión del carburante en el medio ambiente .

14. d) Las respuestas a) y c) son correctas.

15. a) Se haya obtenido o no la licencia de obras.

16. c) No se incluyen en el coste de las obras las tasas, precios públicos y demás prestaciones patrimoniales de carácter público local.

17. b) No podrá exceder del 4 por 100.

18. b) Las personas físicas que sean dueños de la obra, sean o no propietarios del inmueble sobre el que se realice aquella.

19. a) El incremento se puede poner de manifiesto a consecuencia de la transmisión de cualquier derecho real de goce.

20. c) 30 %.

21. d) Aportaciones de bienes y derechos realizadas por los cónyuges a la sociedad conyugal.

22. d) Entradas de vehículos a través de las aceras.

23. a) Recogida de residuos sólidos urbanos.

24. c) Limpieza de la vía pública.

25. d) Todas las respuestas son correctas.

26. b) Cuando se inicie el uso privativo.

27. a) En las contribuciones especiales por el establecimiento de los servicios de extinción de incendios el Servicio municipal de Protección contra Incendios.

28. b) El coste de la publicidad de las obras.

29. b) Será de inexcusable adopción.

30. a) Al Pleno.

31. c) Actividades Económicas.

32. a) Incremento de Valor de los Terrenos de Naturaleza Urbana.

33. b) El valor de los mismos.

34. d) Las respuestas a) y b) son ciertas.

35. c) Las normas reguladoras del Catastro Inmobiliario.

36. c) A cada uno de los Municipios, por la superficie real que ocupe en su término.

37. d) De aprovechamiento público y gratuito para los usuarios.

38. b) Cruz Roja.

39. a) Normas del Catastro Inmobiliario.

40. c) Base liquidable.

41. c) Base liquidable.

42. c) Tres períodos impositivos a contar desde el siguiente a la iniciación de la urbanización o construcción.

43. a) El primer día del período impositivo.

44. a) Propio Ayuntamiento.

45. a) Directo y real.

46. d) Las respuestas b) y c) son correctas.

47. c) Venta de productos que se reciben en pago de trabajos personales.

48. a) Aplicar las tarifas del mismo y, en su caso, el coeficiente y las bonificaciones previstos por la ley y acordados por cada Ayuntamiento.

49. b) Ayuntamiento respectivo.

50. a) Un millón de euros.

51. d) Al realizarse cada uno de ellos.

52. c) Cada año natural.

53. d) No está sujeto.

54. b) Quedan exentos cuando la minusvalía del titular sea igual o superior al 33 %.

55. b) De representación diplomática.

56. a) Población del Municipio de que se trate.

57. d) Nada de lo anterior es cierto.

58. a) Se suprimirá este en dicha Comunidad Autónoma.

59. b) Prorratea por trimestres.

60. a) No exime de su pago.

61. a) El coste real y efectivo de la construcción, instalación u obra.

62. b) Al iniciarse la construcción, instalación u obra.

63. a) 95 %.

64. a) Adquirente, si la transmisión es a título lucrativo.

65. d) Veinte años.

66. b) 30 %.

67. c) En el momento de la citada constitución.

68. c) Treinta días hábiles.

69. d) Seis meses.

70. a) La fecha en que se produzca el devengo del Impuesto.

71. c) En la primera quincena de cada trimestre, referida al anterior.

72. b) Por la vigilancia pública en general.

73. c) Entidades o sociedades aseguradoras del riesgo.

74. a) Pueden repercutirlas sobre los mismos.

75. a) Genéricamente, la capacidad económica de los sujetos obligados.

76. c) Empresas suministradoras que deban utilizarlas.

77. c) No debe exceder de cinco años.

78. b) Asociaciones administrativas de contribuyentes.

79. d) Todas las anteriores son correctas.

80. a) Precios públicos por debajo de los límites establecidos con carácter general para los mismos.

81. b) Cada uno de ellos tributará por su cuota.

82. a) Al Ayuntamiento del domicilio que conste en el permiso de circulación del vehículo.

83. c) Las Contribuciones especiales.

84. c) Desde que se inicie la prestación del servicio o la realización de la actividad.

85. b) Pleno en la Junta de Gobierno Local.

86. d) La Junta de Gobierno Local.

87. d) Propio Ayuntamiento.

88. a) Pleno de la Entidad.

89. d) Nada de lo anterior es cierto.

90. c) Antes de esta aprobación (si se han presentado reclamaciones o sugerencias) y después de la aprobación provisional.

Ley 31/1995, de 8 de noviembre, de prevención de riesgos laborales: ámbito de aplicación. Principios de la acción preventiva. Obligaciones de los trabajadores en materia de prevención de riesgos. Consulta a los trabajadores. Comité de Seguridad y Salud

1. Los representantes de los trabajadores con competencia en materia de prevención de riesgos laborales son:

a) Los miembros de la Junta de personal, Junta Facultativo y Junta de Enfermería.
b) Los técnicos de prevención de riesgos laborales.
c) El Servicio de Medicina Preventiva.
d) Los delegados de prevención.

2. ¿Qué se entiende por "riesgo laboral"?

a) La posibilidad de que un trabajador sufra un determinado daño derivado del trabajo.
b) La posibilidad de que un trabajador sufra una enfermedad en el trabajo.
c) La posibilidad de que un trabajador sufra acoso.
d) El riesgo que supone el ir a trabajar.

3. ¿Quién debe garantizar a los trabajadores la vigilancia periódica de su estado de salud en función de los riesgos inherentes al trabajo?

a) La Inspección de Trabajo.
b) El propio trabajador.
c) El empresario.
d) Las secciones sindicales.

4. El derecho básico reconocido a los trabajadores por la Ley 31/1995, de 8 de noviembre, es:

a) La vigilancia de su estado de salud.
b) Una protección eficaz en materia de seguridad y salud en el trabajo.

c) La formación en materia preventiva.

d) La información, consulta y participación.

5. Indica cuál es la definición de prevención:

a) La probabilidad racional de que un riesgo se materialice de forma inminente.

b) El estudio de los procesos potencialmente peligrosos para el trabajo.

c) Conjunto de actividades o medidas adoptadas o previstas en todas las fases de actividad de la empresa con el fin de evitar o disminuir los riesgos derivados del trabajo.

d) Posibilidad de que un trabajador sufra un determinado daño derivado del trabajo.

6. Señala la respuesta incorrecta:

a) La Ley de Prevención de Riesgos Laborales se aplica a los operativos de Seguridad civil en casos de catástrofe.

b) La Ley de Prevención de Riesgos Laborales se aplica a las sociedades cooperativas.

c) En el ámbito de la relación laboral de carácter especial del servicio del hogar familiar, las personas trabajadoras tienen derecho a una protección eficaz en materia de seguridad y salud en el trabajo.

d) En los establecimientos penitenciarios, se adaptarán a la Ley de Prevención de Riesgos Laborales aquellas actividades cuyas características justifiquen una regulación especial.

7. ¿Cuál es la vigente Ley de Prevención de Riesgos Laborales?

a) Ley 32/1995, de 8 de noviembre.

b) Ley 30/1996, de 8 de noviembre.

c) Ley 31/1995, de 6 de noviembre.

d) Ley 31/1995, de 8 de noviembre.

8. Entre los principios de la acción preventiva recogidos por el artículo 15 de la Ley de Prevención de Riesgos Laborales, no figura:

a) Evitar los riesgos.

b) Evaluar los riesgos que se puedan evitar.

c) Tener en cuenta la evolución de la técnica.

d) Dar las debidas instrucciones a los trabajadores.

9. ¿Cuántos delegados de prevención se deberán elegir en empresas entre 3001 y 4000 trabajadores?

a) 5.

b) 6.

c) 7.

d) 8.

10. En las empresas de hasta 30 trabajadores el Delegado de Prevención será:

a) El propio empresario.
b) El trabajador más antiguo.
c) El trabajador de mayor cualificación.
d) El delegado de personal.

11. Según la Ley de Prevención de Riesgos Laborales, se constituirá un Comité de Seguridad y Salud en todas las empresas o centros de trabajo que cuenten con:

a) 30 o más trabajadores.
b) 50 o más trabajadores.
c) 75 o más trabajadores.
d) 100 o más trabajadores.

12. Entre las obligaciones de los trabajadores recogidas por la Ley de Prevención de Riesgos Laborales, no figura:

a) Informar directamente al empresario de cualquier situación que entrañe riesgo para la seguridad o salud de los trabajadores.
b) Contribuir al cumplimiento de las obligaciones establecidas por la autoridad competente con el fin de proteger la seguridad y la salud de los trabajadores en el trabajo.
c) Cooperar con el empresario para que este pueda garantizar unas condiciones de trabajo que sean seguras y no entrañen riesgos para la seguridad y la salud de los trabajadores.
d) Utilizar correctamente los medios y equipos de protección facilitados por el empresario, de acuerdo con las instrucciones recibidas de este.

13. La Ley 31/1995, de 8 de noviembre, de Prevención de Riesgos Laborales, ¿se aplica a los empleados de la Administración Pública?

a) Sí, sin distinciones.
b) A los funcionarios sí, al personal laboral no.
c) Al personal laboral sí, a los funcionarios no.
d) No se aplica ni a funcionarios ni a personal laboral.

14. El órgano paritario y colegiado de participación destinado a la consulta regular y periódica de las actuaciones de la empresa en materia de prevención de riesgos, es:

a) El Comité de Empresa.
b) El Consejo de Vigilancia de la Prevención.
c) La Comisión de Evaluación de Riesgos Laborales.
d) El Comité de Seguridad y Salud.

15. ¿Qué capítulo de la Ley 31/1995, de Prevención de Riesgos Laborales se refiere a los derechos y obligaciones?

a) Capítulo 2.
b) Capítulo 3.
c) Capítulo 4.
d) Capítulo 5.

16. La acción preventiva en la empresa:

a) Se planificará por el Comité de Seguridad y Salud a partir de una evaluación inicial de riesgos.
b) Se planificará por los Delegados de Prevención a partir de una evaluación inicial de riesgos.
c) Se planificará por el empresario a partir de una evaluación inicial de riesgos.
d) Se planificará por los Delegados de Personal a partir de una evaluación inicial de riesgos.

17. ¿Cuándo se deben utilizar los equipos de protección individual?

a) Siempre.
b) Cuando los riesgos no hayan sido evaluados.
c) Cuando los riesgos no se puedan evitar o no puedan limitarse.
d) Cuando el trabajador lo estime oportuno.

18. Cuando los trabajadores estén expuestos a un riesgo grave e inminente con ocasión de su trabajo, y el empresario no adopte o no permita la adopción de las medidas necesarias para garantizar la seguridad y la salud de los trabajadores, la Ley 31/1995, de 8 de noviembre, de Prevención de Riesgos Laborales prevé:

a) Los trabajadores afectados podrán paralizar la actividad.
b) El órgano de representación del personal instará formalmente al empresario a la adopción de las medidas necesarias.
c) Los Delegados de Prevención lo comunicarán a la autoridad laboral, que adoptará las medidas necesarias.
d) El órgano de representación de personal podrá acordar la paralización de la actividad.

19. ¿Pueden los trabajadores efectuar propuestas al empresario y a los órganos de participación para mejorar los niveles de protección de la seguridad y salud en la empresa?

a) No.
b) Sí.
c) Según el tamaño de la empresa.
d) Según el número de trabajadores.

20. Según establece el art. 4 de la Ley 31/1995, de 8 de noviembre, de Prevención de Riesgos Laborales, se define como daños derivados del trabajo:

a) La posibilidad de que un trabajador sufra un determinado daño derivado del trabajo.

b) El que resulte probable racionalmente que se materialice en un futuro inmediato y pueda suponer un daño grave para la salud de los trabajadores.

c) Las enfermedades, patologías o lesiones sufridas con motivo u ocasión del trabajo.

d) Cualquier máquina, aparato, instrumento o instalación utilizada en el trabajo.

21. ¿Debe el trabajador prestar su consentimiento para que le realicen vigilancia de la salud?

a) No.

b) Sí.

c) Depende del número de trabajadores de la empresa.

d) Esta prestación es solo para personal fijo en la empresa.

22. El art. 21 de la LPRL establece los requisitos y el procedimiento para que los representantes legales de los trabajadores acuerden la paralización de la actividad de los trabajadores que están o puedan estar expuestos a un riesgo grave e inminente si el empresario no adopta las medidas necesarias para garantizar la seguridad y salud de los trabajadores. La medida será adoptada por:

a) Acuerdo por mayoría absoluta de sus miembros. Tal acuerdo será comunicado de inmediato a la empresa y a la autoridad laboral, la cual, en el plazo de 48 horas, anulará o ratificará la paralización acordada.

b) Acuerdo por mayoría de 2/3 de sus miembros. Tal acuerdo será comunicado de inmediato a la empresa y a la autoridad laboral, la cual, en el plazo de 24 horas, anulará o ratificará la paralización acordada.

c) Acuerdo por mayoría de sus miembros. Tal acuerdo será comunicado de inmediato a la empresa y a la autoridad laboral, la cual, en el plazo de 48 horas, anulará o ratificará la paralización acordada.

d) Acuerdo por mayoría de sus miembros. Tal acuerdo será comunicado de inmediato a la empresa y a la autoridad laboral, la cual, en el plazo de 24 horas, anulará o ratificará la paralización acordada.

23. El art. 23 de la LPRL establece la documentación que el empresario debe elaborar y conservar a disposición de la autoridad laboral. En las siguientes no está incluido:

a) El Plan de prevención de riesgos laborales.

b) Evaluación de los riesgos para la seguridad y la salud en el trabajo.

c) La planificación de la actividad laboral.

d) La relación de accidentes de trabajo y enfermedades profesionales que hayan causado al trabajador una incapacidad laboral superior a un día de trabajo.

24. El art. 29 de la LPRL establece las obligaciones de los trabajadores en materia de prevención de riesgos. De las siguientes no se considera una obligación del trabajador:

a) Utilizar correctamente los medios y equipos de protección facilitados por el empresario, de acuerdo con las instrucciones recibidas de este.

b) Usar adecuadamente, de acuerdo con su naturaleza y los riesgos previsibles, las máquinas, aparatos, herramientas, sustancias peligrosas, equipos de transporte y, en general, cualesquiera otros medios con los que desarrollen su actividad.

c) Informar de inmediato a su superior jerárquico directo, y a los trabajadores designados para realizar las actualizaciones que consideren oportunas en el equipo de protección individual.

d) No poner fuera de funcionamiento y utilizar correctamente los dispositivos de seguridad existentes o que se instalen en los medios relacionados con su actividad o en los lugares de trabajo en los que esta tenga lugar.

25. Señala la afirmación incorrecta en relación con el art. 35 de la LPRL:

a) Los Delegados de Prevención son los representantes de los trabajadores con funciones específicas en materia de prevención de riesgos en el trabajo.

b) Los Delegados de Prevención serán designados por y entre los representantes del personal.

c) En una empresa de dos mil quinientos trabajadores existirán 6 Delegados de Prevención.

d) En las empresas de treinta y un trabajadores el Delegado de Prevención será el Delegado de Personal.

26. Cuando el empresario no adopte o no permita adoptar las medidas necesarias para garantizar la seguridad y salud de los trabajadores:

a) Cualquier representante legal de los trabajadores podrá decidir la paralización de la actividad de los trabajadores afectados por el riesgo grave e inminente.

b) Los representantes legales de los trabajadores podrán acordar, por mayoría de sus miembros, la paralización de la actividad de los trabajadores afectados por el riesgo grave e inminente.

c) Los representantes legales de los trabajadores deberán comunicar a la Autoridad Laboral la situación de riesgo grave e inminente para que esta adopte en el plazo máximo de veinticuatro horas las medidas oportunas.

d) Los trabajadores afectados deberán presentar demanda por el incumplimiento del empresario ante el Juzgado de lo Social correspondiente.

27. El incumplimiento por los trabajadores de las obligaciones en materia de prevención de riesgos:

a) Dará lugar a su despido inmediato de la empresa o a la pérdida de la condición de funcionario público.

b) No lleva aparejada ninguna consecuencia si no se producen resultados perjudiciales.

c) Tendrá la consideración de incumplimiento laboral a los efectos previstos en el artículo 58.1 del Estatuto de los Trabajadores o de falta, en su caso, según la normativa sobre régimen disciplinario de los funcionarios públicos o del personal estatutario al servicio de las Administraciones Públicas.

d) Llevará consigo la obligación de indemnizar al empresario en la cuantía que este pacte con los representantes legales de los trabajadores.

28. El posible cambio de puesto de trabajo con riesgo para una trabajadora embarazada:

a) Deberá realizarse en caso de imposibilidad de adaptación del propio puesto.

b) Se hará previo informe en tal sentido del Servicio de Prevención.

c) Se determinará por el empresario, y dará información a los representantes de los trabajadores.

d) Se extenderá al período de lactancia.

29. La prevención de riesgos laborales deberá integrarse en el sistema general de gestión de la empresa a través de:

a) La política preventiva.

b) El plan de prevención.

c) El consenso de las partes.

d) El poder de decisión del empresario.

30. El título del capítulo II de la Ley 31/1995 Prevención de Riesgos Laborales, corresponde a:

a) Derechos y obligaciones.

b) Servicios de Prevención.

c) Política en materia de prevención de riesgos para proteger la seguridad y la salud en el trabajo.

d) Responsabilidad y sanciones.

Solución al test n.º 24

1. d) Los delegados de prevención.

2. a) La posibilidad de que un trabajador sufra un determinado daño derivado del trabajo.

3. c) El empresario.

4. b) Una protección eficaz en materia de seguridad y salud en el trabajo.

5. c) Conjunto de actividades o medidas adoptadas o previstas en todas las fases de actividad de la empresa con el fin de evitar o disminuir los riesgos derivados del trabajo.

6. a) La Ley de Prevención de Riesgos Laborales se aplica a los operativos de Seguridad civil en casos de catástrofe.

7. d) Ley 31/1995, de 8 de noviembre.

8. b) Evaluar los riesgos que se puedan evitar.

9. c) 7.

10. d) El delegado de personal.

11. b) 50 o más trabajadores.

12. a) Informar directamente al empresario de cualquier situación que entrañe riesgo para la seguridad o salud de los trabajadores.

13. a) Sí, sin distinciones.

14. d) El Comité de Seguridad y Salud.

15. b) Capítulo 3.

16. c) Se planificará por el empresario a partir de una evaluación inicial de riesgos.

17. c) Cuando los riesgos no se puedan evitar o no puedan limitarse.

18. d) El órgano de representación de personal podrá acordar la paralización de la actividad.

19. b) Sí.

20. c) Las enfermedades, patologías o lesiones sufridas con motivo u ocasión del trabajo.

21. b) Sí.

22. d) Acuerdo por mayoría de sus miembros. Tal acuerdo será comunicado de inmediato a la empresa y a la autoridad laboral, la cual, en el plazo de 24 horas, anulará o ratificará la paralización acordada.

23. c) La planificación de la actividad laboral.

24. c) Informar de inmediato a su superior jerárquico directo, y a los trabajadores designados para realizar las actualizaciones que consideren oportunas en el equipo de protección individual.

25. d) En las empresas de treinta y un trabajadores el Delegado de Prevención será el Delegado de Personal.

26. b) Los representantes legales de los trabajadores podrán acordar, por mayoría de sus miembros, la paralización de la actividad de los trabajadores afectados por el riesgo grave e inminente.

27. c) Tendrá la consideración de incumplimiento laboral a los efectos previstos en el artículo 58.1 del Estatuto de los Trabajadores o de falta, en su caso, según la normativa sobre régimen disciplinario de los funcionarios públicos o del personal estatutario al servicio de las Administraciones Públicas.

28. a) Deberá realizarse en caso de imposibilidad de adaptación del propio puesto.

29. b) El plan de prevención.

30. c) Política en materia de prevención de riesgos para proteger la seguridad y la salud en el trabajo.

Ley Orgánica 3/2018, de 5 de diciembre, de protección de datos personales y garantías de los derechos digitales: régimen jurídico y sus ámbitos. Principios de la protección de datos. Derechos de las personas

1. Es correcto, conforme a la disposición adicional 3ª de la LO 3/2018, que:

a) Cuando los plazos se señalen por días, se entiende que estos son naturales.

b) Si el plazo se fija en semanas, concluirá el día anterior al día de la semana en que se produjo el hecho que determina su iniciación en la semana de vencimiento.

c) Si el plazo se fija en años, concluirá el mismo día en que se produjo el hecho que determina su iniciación en el año de vencimiento.

d) Cuando el último día del plazo sea inhábil, se entenderá adelantado al último día hábil anterior.

2. ¿Qué título de la LO 3/2018, de 5 de diciembre, de Protección de Datos Personales y garantía de los derechos digitales, se refiere a los principios de la protección de datos?

a) Título I.

b) Título II.

c) Título III.

d) Título IV.

3. Según el artículo 3 de la LO 3/2018, los requisitos y condiciones para acreditar la validez y vigencia de los mandatos e instrucciones de las personas fallecidas respecto al acceso a los datos personales de éstas por parte de las personas o instituciones que designaran expresamente, serán establecidos:

a) Por medio de una Directiva europea.

b) Por Ley estatal.

c) Por Ley autonómica.

d) Por Real Decreto.

4. El artículo 4 de la LO 3/2018 señala que, conforme al artículo 5.1.d) del Reglamento (UE) 2016/679, los datos serán exactos y, si fuere necesario:

a) Actualizados.
b) Aproximados.
c) Normalizados.
d) Digitalizados.

5. Conforme al artículo 5.1 de la LO 3/2018, estarán sujetas al deber de confidencialidad:

a) Únicamente los responsables del tratamiento.
b) Los responsables y encargados del tratamiento.
c) Los responsables y encargados del tratamiento de datos así como todas las personas que intervengan en cualquier fase de este.
d) Los responsables y encargados del tratamiento de datos así como todas las personas que intervengan en todas las fases de este.

6. Conforme a los artículos 4.11 del RGPD y 6.1 de la LO 3/2018, se entiende por consentimiento del afectado la aceptación, ya sea mediante una declaración o una clara acción afirmativa, del tratamiento de datos personales que le conciernen manifestada por voluntad libre, de forma específica, informada e/y:

a) Detallada.
b) Unitaria.
c) Inequívoca.
d) Por escrito.

7. Cuando se pretenda fundar el tratamiento de los datos en el consentimiento del afectado para una pluralidad de finalidades:

a) Será preciso que conste de manera específica e inequívoca que dicho consentimiento se otorga para todas ellas.
b) Será necesario demostrar que el afectado consintió expresamente e inequívocamente en alguna de las finalidades y, que el resto de finalidades están claramente relacionadas con aquella.
c) El responsable debe demostrar la adecuación de las distintas finalidades a un único objeto.
d) El consentimiento del afectado sólo puede afectar a una finalidad. Cada finalidad precisa un consentimiento propio e independiente.

8. Conforme al principio de limitación de la finalidad, los datos personales serán recogidos con fines determinados, explícitos y:

a) Limitados.
b) Transparentes.

c) Compatibles.
d) Legítimos.

9. Según el artículo 8.1 de la LO 3/2018, el tratamiento de datos personales solo podrá considerarse fundado en el cumplimiento de una obligación legal exigible al responsable:

a) Cuando así lo prevea una norma de Derecho de la Unión Europea o una norma con rango de ley.
b) Cuando el tratamiento se considere una misión realizada en interés público.
c) Cuando se trate del ejercicio de poderes públicos conferidos al responsable.
d) Cuando el responsable sea un órgano u organismo público.

10. Conforme al artículo 9 de la LO 3/2018, de 5 de diciembre, de Protección de Datos Personales y garantía de los derechos digitales, cuál de los siguientes tratamientos de categorías especiales de datos fundados en el Derecho español deberá estar amparado en una norma con rango de ley:

a) Tratamiento necesario con fines de archivo en interés público, fines de investigación científica o histórica.
b) Tratamiento efectuado, en el ámbito de sus actividades legítimas y con las debidas garantías, por una fundación, una asociación o cualquier otro organismo sin ánimo de lucro, cuya finalidad sea política, filosófica, religiosa o sindical, siempre que el tratamiento se refiera exclusivamente a los miembros actuales o antiguos de tales organismos o a personas que mantengan contactos regulares con ellos en relación con sus fines y siempre que los datos personales no se comuniquen fuera de ellos sin el consentimiento de los interesados.
c) Tratamiento necesario para fines de medicina preventiva o laboral, evaluación de la capacidad laboral del trabajador, diagnóstico médico, prestación de asistencia o tratamiento de tipo sanitario o social, o gestión de los sistemas y servicios de asistencia sanitaria y social.
d) Tratamiento referido a datos personales que el interesado ha hecho manifiestamente públicos.

11. Uno de los objetos de la Ley Orgánica 3/2018, de 5 de diciembre, de Protección de Datos Personales y garantía de los derechos digitales, es:

a) Adaptar el ordenamiento jurídico español al Reglamento General de Protección de Datos y completar sus disposiciones.
b) Establecer las normas relativas a la protección de las personas físicas en lo que respecta al tratamiento de los datos personales y las normas relativas a la libre circulación de tales datos.
c) Adaptar el Reglamento General de Protección de Datos al ordenamiento jurídico español y completar sus disposiciones.
d) Garantizar la seguridad de la transferencia de datos entre países de la Unión Europea.

12. La LO 3/2018, de 5 de diciembre, de Protección de Datos Personales y garantía de los derechos digitales, tiene por objeto garantizar los derechos digitales de la ciudadanía conforme al mandato del artículo de la Constitución:

a) 9.2.
b) 10.1.
c) 18.4.
d) 20.4.

13. Señala la opción incorrecta. Conforme al artículo 11.3 de la LO 3/2018, la información básica que el responsable del tratamiento ha de facilitar al afectado, cuando los datos personales se hayan obtenido de éste, debe contener obligatoriamente:

a) La finalidad del tratamiento.
b) La identidad del responsable del tratamiento y de su representante, en su caso.
c) La posibilidad de ejercer los derechos establecidos en los artículos 15 a 22 del RGPD.
d) Las categorías de datos objeto de tratamiento.

14. Según el artículo 7.1 de la LO 3/2018, el tratamiento de los datos personales de un menor de edad únicamente podrá fundarse en su consentimiento cuando sea mayor de:

a) 12 años.
b) 13 años.
c) 14 años.
d) 16 años.

15. El derecho a la portabilidad de los datos:

a) Se podrá aplicar a los tratamientos que sean necesario para el cumplimiento de una misión realizada en interés público o en el ejercicio de poderes públicos conferidos al responsable del tratamiento.
b) A diferencia de otros derechos, podrá afectar negativamente a los derechos y libertades de otros.
c) Supone la obligación de que, en todo caso, los datos personales se transmitan directamente de responsable a responsable.
d) Requiere que el tratamiento se efectúe por medios automatizados.

16. Conforme al artículo 12 de la LO 3/2018, los derechos reconocidos en los artículos 15 a 22 del RGPD:

a) Sólo podrán ser ejercidos directamente por el afectado.
b) Deberán ejercerse bien directamente por el afectado o por representante legal.
c) Deberán ejercerse bien directamente por el afectado o por representante voluntario.
d) Podrán ejercerse directamente o por medio de representante legal o voluntario.

17. Según el artículo 12.4 de la LO 3/2018, la prueba del cumplimiento del deber de responder a la solicitud de ejercicio de sus derechos formulado por el afectado recaerá:

a) Sobre el responsable del tratamiento.
b) Sobre el encargado del tratamiento.
c) Bien sobre el responsable o bien sobre el encargado.
d) Sobre el representante legal del afectado.

18. En virtud del artículo 12 de la LO 3/2018 es cierto, en relación a los medios para que el afectado pueda ejercer sus derechos, que:

a) El encargado del tratamiento estará obligado a informar al afectado sobre los medios a su disposición para ejercer los derechos que le corresponden.
b) Los medios deberán ser consensuados con los afectados antes de poner en marcha el tratamiento.
c) Los medios deberán ser fácilmente accesibles para el afectado.
d) El ejercicio del derecho podrá ser denegado cuando el afectado opte por otro medio.

19. Señala la opción incorrecta. El artículo 15 del RGPD dispone que el interesado tendrá derecho a obtener del responsable del tratamiento confirmación de si se están tratando o no datos personales que le conciernen y, en tal caso, derecho de acceso a los datos personales y a información sobre la existencia de decisiones automatizadas, incluida la elaboración de perfiles, y, al menos en tales casos, información significativa sobre:

a) Los demás interesados afectados por las decisiones.
b) La lógica aplicada.
c) La importancia del tratamiento.
d) Las consecuencias previstas de dicho tratamiento.

20. Conforme al artículo 16 del RGPD, teniendo en cuenta los fines del tratamiento, el interesado tendrá derecho a que se completen los datos personales que sean incompletos, inclusive mediante:

a) Levantamiento de acta.
b) Certificación de modificación.
c) Una declaración adicional.
d) Elaboración de anexos.

21. Conforme al artículo 17 del RGPD, el derecho de supresión no se podrá aplicar cuando:

a) El interesado retire el consentimiento en que se basa el tratamiento, y este no se base en otro fundamento jurídico.
b) El tratamiento sea necesario para la formulación, el ejercicio o la defensa de reclamaciones.

c) El interesado se oponga al tratamiento y no prevalezcan otros motivos legítimos para el tratamiento.

d) El interesado se oponga al tratamiento cuando el tratamiento de datos personales tenga por objeto la mercadotecnia directa.

22. Conforme al artículo 18 del RGPD, el interesado tendrá derecho a obtener del responsable del tratamiento la limitación del tratamiento de los datos:

a) Cuando los datos personales ya no sean necesarios en relación con los fines para los que fueron recogidos o tratados de otro modo.

b) Para que el interesado pueda ejercer el derecho a la libertad de expresión e información.

c) Cuando el interesado impugne la exactitud de los datos personales, durante un plazo que permita al responsable verificar la exactitud de los mismos.

d) Por razones de interés público en el ámbito de la salud pública.

23. Cuando los datos personales no sean obtenidos del afectado, en la información básica que se le facilite deberá constar:

a) La autorización judicial para el tratamiento de los datos.

b) Una declaración jurada del responsable del tratamiento.

c) Las fuentes de las que proceden los datos.

d) La identidad del encargado del tratamiento, si es un ente sin personalidad jurídica.

24. El tratamiento de datos personales relativos a condenas e infracciones penales, solo podrá llevarse a cabo cuando se encuentre amparado, de entre los siguientes, en:

a) Una norma de Derecho de la Unión Europea.

b) Un Decreto.

c) Una norma con rango reglamentario.

d) El Código Penal.

25. Según la Ley Orgánica 3/2018 de Protección de Datos Personales y garantía de los derechos digitales, se podrá considerar repetitivo el derecho del ejercicio de acceso en más de una ocasión durante el plazo de:

a) 6 meses.

b) 1 mes.

c) 3 meses.

d) 12 meses.

Solución al test n.º 25

1. c) Si el plazo se fija en años, concluirá el mismo día en que se produjo el hecho que determina su iniciación en el año de vencimiento.

2. b) Título II.

3. d) Por Real Decreto.

4. a) Actualizados.

5. c) Los responsables y encargados del tratamiento de datos así como todas las personas que intervengan en cualquier fase de este.

6. c) Inequívoca.

7. a) Será preciso que conste de manera específica e inequívoca que dicho consentimiento se otorga para todas ellas.

8. d) Legítimos.

9. a) Cuando así lo prevea una norma de Derecho de la Unión Europea o una norma con rango de ley.

10. c) Tratamiento necesario para fines de medicina preventiva o laboral, evaluación de la capacidad laboral del trabajador, diagnóstico médico, prestación de asistencia o tratamiento de tipo sanitario o social, o gestión de los sistemas y servicios de asistencia sanitaria y social.

11. a) Adaptar el ordenamiento jurídico español al Reglamento General de Protección de Datos y completar sus disposiciones.

12. c) 18.4.

13. d) Las categorías de datos objeto de tratamiento.

14. c) 14 años.

15. d) Requiere que el tratamiento se efectúe por medios automatizados.

16. d) Podrán ejercerse directamente o por medio de representante legal o voluntario.

17. a) Sobre el responsable del tratamiento.

18. c) Los medios deberán ser fácilmente accesibles para el afectado.

19. a) Los demás interesados afectados por las decisiones.

20. c) Una declaración adicional.

21. b) El tratamiento sea necesario para la formulación, el ejercicio o la defensa de reclamaciones.

22. c) Cuando el interesado impugne la exactitud de los datos personales, durante un plazo que permita al responsable verificar la exactitud de los mismos.

23. c) Las fuentes de las que proceden los datos.

24. a) Una norma de Derecho de la Unión Europea.

25. a) 6 meses.

Ley 19/2013, de 9 de diciembre, de transparencia, acceso a la información pública y buen gobierno. Transparencia y acceso a la información. La gestión por procesos. La gestión por competencias y por objetivos. Principios de buen gobierno

1. Aquel Gobierno que promueve una comunicación y un diálogo de calidad con los ciudadanos con el fin de facilitar su participación y colaboración en las políticas públicas, que garantiza la información y la transparencia de su actuación para fomentar la rendición de cuentas, y que diseña sus estrategias en un marco de gobernanza multinivel, se denomina:

a) Gobierno transparente.
b) Gobierno electrónico.
c) Gobierno social.
d) Gobierno abierto.

2. La cualidad que permite y facilita el acceso de los ciudadanos a la información pública en poder de la Administración dentro de los límites establecidos por la legislación vigente, se conoce como:

a) Accesibilidad.
b) Transparencia.
c) Objetividad.
d) Buen gobierno.

3. ¿Qué tipo de transparencia se sustenta en un modelo de apertura de datos (open data) caracterizado por la publicación de los datos en crudo, por parte de las administraciones públicas (open government data), y la posibilidad de la ciudadanía a procesarlos para producir nueva información?

a) Transparencia activa.
b) Transparencia reactiva.
c) Transparencia colaborativa.
d) Transparencia focalizada.

4. La transparencia activa se materializa en:

a) El acceso a la información pública.
b) La simplificación de los procedimientos.
c) La reutilización de la información.
d) La publicidad activa.

5. En el Capítulo I del Título I: "Transparencia de la actividad pública" de la Ley 19/2013, concretamente en el art. 3, se señala que serán objeto de aplicación de las disposiciones las entidades privadas:

a) En cuyo capital social la participación, directa o indirecta, sea superior al 50 por 100.
b) Que perciban durante el período de un año ayudas o subvenciones públicas en una cuantía superior a 100.000 euros o cuando al menos el 40% del total de sus ingresos anuales tengan carácter de ayuda o subvención pública, siempre que alcancen como mínimo la cantidad de 5.000 euros.
c) Con personalidad jurídica propia, vinculadas a cualquiera de las Administraciones Públicas o dependientes de ellas.
d) Que tengan atribuidas funciones de regulación o supervisión de carácter externo sobre un determinado sector o actividad.

6. A tenor del artículo 2.1 de la Ley 19/2013, es cierto que las disposiciones del título I son de aplicación a:

a) Las entidades gestoras y los servicios comunes de la Seguridad Social, pero no a las mutuas de accidentes de trabajo y enfermedades profesionales colaboradoras de la Seguridad Social.
b) Las corporaciones de Derecho Público, en relación a todas sus actividades.
c) Los organismos autónomos, las Agencias Estatales, las entidades públicas empresariales y las entidades de Derecho Público que, con independencia funcional o con una especial autonomía reconocida por la Ley, tengan atribuidas funciones de regulación o supervisión de carácter externo sobre un determinado sector o actividad.
d) Las sociedades mercantiles.

7. A tenor del artículo 3 de la Ley 19/2013, qué parte de esta ley es de aplicación a los partidos políticos:

a) El título I, referido a la transparencia de la actividad pública.
b) Del título I, el capítulo III referido al derecho de acceso a la información pública.
c) La Ley en su totalidad.
d) Del título I, el capítulo II, referido a la publicidad activa.

8. Según el artículo 5.4 de la Ley 19/2013, de 9 de diciembre, de transparencia, acceso a la información pública y buen gobierno, la información sujeta a las obligaciones de transparencia será publicada en las correspondientes sedes electrónicas o páginas web:

a) De una manera clara, estructurada y entendible para los interesados.
b) Obligatoriamente, en formatos reutilizables.

c) Previa autorización del órgano inmediatamente superior al responsable de la sede electrónica o página web.

d) En los términos que establezca una ley.

9. En virtud del artículo 5.3 de la Ley 19/2013, cuando la información pública contuviera datos especialmente protegidos, la publicidad sólo se llevará a cabo:

a) Previa disociación de los mismos.

b) Previo consentimiento de los afectados.

c) De forma personalizada.

d) De forma codificada.

10. Según el artículo 5.4 de la Ley 19/2013, la información sujeta a las obligaciones de transparencia será publicada en las correspondientes sedes electrónicas o páginas web y de una manera clara, estructurada y entendible para los interesados y, preferiblemente:

a) En formatos reutilizables.

b) En diferentes idiomas.

c) En la página de inicio.

d) Codificada.

11. Según el artículo 5.5 de la Ley 19/2013, de 9 de diciembre, de transparencia, acceso a la información pública y buen gobierno, toda la información será comprensible, de acceso fácil y gratuito y estará a disposición de las personas con discapacidad en una modalidad suministrada por medios o en formatos adecuados de manera que resulten accesibles y comprensibles, conforme al principio de:

a) Igualdad de oportunidades.

b) No discriminación.

c) Eficacia.

d) Accesibilidad universal y diseño para todos.

12. Conforme al artículo 6.1 de la Ley 19/2013, los sujetos comprendidos en el ámbito de aplicación del título I publicarán información relativa a las funciones que desarrollan, la normativa que les sea de aplicación así como a su estructura organizativa. A estos efectos, para identificar a los responsables de los diferentes órganos y su perfil y trayectoria profesional, deberán incluir:

a) Los currículos de los órganos directivos unipersonales.

b) Las declaraciones de bienes de los órganos directivos.

c) Un organigrama actualizado.

d) La relación de puestos directivos.

13. En relación a la información institucional, organizativa y de planificación, el artículo 6 de la Ley 19/2013 dispone que:

a) Todos los empleados públicos deberán publicar información relativa a las funciones que desarrollan.

b) Las Administraciones Públicas publicarán los planes y programas anuales y plurianuales en los que se fijen objetivos concretos, así como las actividades, medios y tiempo previsto para su consecución.

c) El grado de cumplimiento y resultados de los planes y programas anuales y plurianuales de las Administraciones Públicas en los que se fijen objetivos concretos deberán ser objeto de evaluación y publicación periódica junto con los indicadores de medida y valoración, en la forma en que se determine por la Administración General del Estado.

d) En el ámbito de la Administración General del Estado corresponde a las secretarías generales la evaluación del cumplimiento de estos planes y programas.

14. Conforme al artículo 6 bis de la Ley 19/2013, cuál de las siguientes categorías de responsables o encargados deberán hacer público un inventario de sus actividades de tratamiento de datos de carácter personal accesible por medios electrónicos:

a) Los consorcios.

b) Los bancos y las cajas de ahorros.

c) Las universidades privadas.

d) Los sindicatos.

15. En virtud del artículo 7 de la Ley 19/2013, de 9 de diciembre, de transparencia, acceso a la información pública y buen gobierno, ¿deben publicar las Administraciones Públicas, en el ámbito de sus competencias, las directrices, instrucciones, acuerdos, circulares o respuestas a consultas planteadas por los particulares u otros órganos?

a) No, en ningún caso.

b) Sí, en todo caso.

c) Sí, siempre que no tengan efectos jurídicos.

d) Sí, en la medida en que supongan una interpretación del Derecho o tengan efectos jurídicos.

16. Según el artículo 7 de la Ley 19/2013, de 9 de diciembre, de transparencia, acceso a la información pública y buen gobierno, relativo a la información de relevancia jurídica:

a) Las Administraciones Públicas, en el ámbito de sus competencias, publicarán los proyectos de Reglamento cuya iniciativa les corresponda.

b) Las Administraciones Públicas, en el ámbito de sus competencias, no publicarán los proyectos de Reglamento cuya iniciativa les corresponda.

c) Las Administraciones Públicas, en el ámbito de sus competencias, no podrán publicar los Anteproyectos de Ley hasta su aprobación.

d) Las Administraciones Públicas no podrán publicar los proyectos de Decretos Legislativos cuando se soliciten los dictámenes a los órganos consultivos.

17. En relación a la información de relevancia jurídica, el artículo 7 de la Ley 19/2013 señala que, las Administraciones Públicas, en el ámbito de sus competencias, publicarán los documentos:

a) Que deriven de consultas planteadas por los particulares.

b) Que, conforme a la legislación sectorial vigente, deban ser sometidos a un período de información pública durante su tramitación.

c) Que contengan memorias o informes.

d) Cuya iniciativa les corresponda.

18. Según el artículo 8.1 de la Ley 19/2013, la información relativa a los contratos menores:

a) Deberá realizarse mensualmente.

b) Deberá realizarse trimestralmente.

c) Podrá realizarse trimestralmente.

d) Podrá realizarse semestralmente.

19. En virtud del artículo 11 de la Ley 19/2013, de 9 de diciembre, de transparencia, acceso a la información pública y buen gobierno, el Portal de la Transparencia proporcionará información estructurada sobre los documentos y recursos de información con vistas a facilitar la identificación y búsqueda de la información, en base al principio de:

a) Interoperabilidad.

b) Accesibilidad.

c) Reutilización.

d) Disponibilidad.

20. La iniciativa normativa de las Administraciones Públicas debe evitar cargas administrativas innecesarias o accesorias y racionalizar la gestión de los recursos públicos, en aplicación del principio de:

a) Accesibilidad.

b) Eficacia.

c) Simplicidad.

d) Seguridad jurídica.

21. El cumplimiento de las obligaciones derivadas de la Ley 19/2013, de 9 de diciembre, de transparencia, acceso a la información pública y buen gobierno, podrá realizarse utilizando los medios electrónicos puestos a su disposición por la Administración Pública de la que provenga la mayor parte de las ayudas o subvenciones públicas percibidas cuando se trate de entidades sin ánimo de lucro que persigan exclusivamente fines de interés social o cultural y cuyo presupuesto sea inferior a:

a) 50.000 euros.

b) 100.000 euros.

c) 200.000 euros.
d) 250.000 euros.

22. Qué define el artículo 13 de la Ley 19/2013 como, los contenidos o documentos, cualquiera que sea su formato o soporte, que obren en poder de alguno de los sujetos incluidos en el ámbito de aplicación de este título (título I) y que hayan sido elaborados o adquiridos en el ejercicio de sus funciones:

a) La información pública.
b) La publicidad activa.
c) La información de relevancia jurídica.
d) La información general.

23. A menos que el afectado hubiese hecho manifiestamente públicos los datos con anterioridad a que se solicitase el acceso, el acceso únicamente se podrá autorizar en caso de que se contase con el consentimiento expreso y por escrito del afectado, cuando:

a) La información contuviera datos personales que revelen la ideología, afiliación sindical, religión o creencias.
b) La información incluyese datos personales que hagan referencia al origen racial, a la salud o a la vida sexual.
c) La información contuviera datos relativos a la comisión de infracciones penales o administrativas que no conllevasen la amonestación pública al infractor.
d) La información incluyese datos genéticos o biométricos.

24. Si la información pública solicitada incluyese datos personales que hagan referencia a la salud:

a) Sólo se concederá el acceso previa ponderación suficientemente razonada del interés público en la divulgación de la información y los derechos de los afectados cuyos datos aparezcan en la información solicitada.
b) Solo podrá autorizarse el acceso al propio afectado o a su representante.
c) Solo se podrá autorizar el acceso en caso de que se cuente con el consentimiento expreso del afectado.
d) Solo se podrá autorizar el acceso en caso de que se cuente con el consentimiento expreso del afectado o si el acceso estuviera amparado por una norma con rango de ley.

25. Según lo previsto en el artículo 18 de la Ley 19/2013, de 9 de diciembre, de transparencia, acceso a la información pública y buen gobierno, se inadmitirán a trámite, mediante resolución motivada, las solicitudes de acceso a la información:

a) Relativas a los intereses económicos y turísticos.
b) Relativas a la garantía de la confidencialidad o el secreto requerido en procesos de toma de decisión.

c) Relativas a información para cuya divulgación sea necesaria una acción previa de reelaboración.

d) Relativas a infraestructuras críticas.

26. Los documentos que contengan datos personales de carácter policial, procesal, clínico o de cualquier otra índole que puedan afectar a la seguridad de las personas, a su honor, a la intimidad de su vida privada y familiar y a su propia imagen, no podrán ser públicamente consultados sin que medie consentimiento expreso de los afectados o hasta que haya transcurrido un plazo desde su muerte, si su fecha es conocida, de:

a) 25 años.
b) 30 años.
c) 40 años.
d) 50 años.

27. Señala la opción incorrecta. La solicitud de acceso a la información pública podrá presentarse por cualquier medio que permita tener constancia de:

a) La identidad del solicitante.
b) La información que se solicita.
c) Una dirección de contacto, preferentemente electrónica, a efectos de comunicaciones.
d) La motivación de la solicitud.

28. No es una causa de inadmisión de las solicitudes de acceso a la información pública:

a) Que se refieran a información que esté en curso de elaboración o de publicación general.
b) Que se dirijan a un órgano en cuyo poder no obre la información.
c) Que sean manifiestamente repetitivas.
d) Que se refieran a información para cuya divulgación sea necesaria una acción previa de reelaboración.

29. Cuando la solicitud de información pública no identifique de forma suficiente la información, se pedirá al solicitante que la concrete en un plazo de:

a) 10 días.
b) 15 días.
c) 20 días.
d) 30 días.

30. En relación a la solicitud de acceso a la información pública, es cierto que:

a) Los solicitantes de información podrán dirigirse a las Administraciones Públicas en cualquiera de las lenguas cooficiales del Estado en el territorio en el que radique la Administración en cuestión.

b) El solicitante está obligado a motivar su solicitud de acceso a la información.

c) El solicitante podrá exponer los motivos por los que solicita la información, en cuyo caso deberán ser tenidos en cuenta cuando se dicte la resolución.

d) La ausencia de motivación será por si sola causa de rechazo de la solicitud.

31. Conforme al artículo 18.1 de la Ley 19/2013, las solicitudes referidas a información que tenga carácter auxiliar o de apoyo como la contenida en notas, borradores, opiniones, resúmenes, comunicaciones e informes internos o entre órganos o entidades administrativas:

a) Están obligadas a indicar el motivo de la solicitud.

b) Se admitirán previa ponderación suficientemente razonada del interés público en la divulgación de la información.

c) Se inadmitirán a trámite, mediante resolución motivada.

d) Se entenderán dotadas de un carácter abusivo no justificado con la finalidad de transparencia de esta Ley.

32. Según el artículo 19.3 de la Ley 19/2013, si la información solicitada pudiera afectar a derechos o intereses de terceros, debidamente identificados, se les concederá un plazo, para que puedan realizar las alegaciones que estimen oportunas, de:

a) Siete días.

b) Diez días.

c) Quince días.

d) Veinte días.

33. La resolución en la que se conceda o deniegue el acceso a información pública deberá notificarse al solicitante y a los terceros afectados que así lo hayan solicitado en el plazo máximo, desde la recepción de la solicitud por el órgano competente para resolver, de:

a) 10 días.

b) 15 días.

c) 20 días.

d) 1 mes.

34. El acceso a la información pública se realizará preferentemente por vía electrónica, salvo cuando no sea posible o el solicitante haya señalado expresamente otro medio. Cuando no pueda darse el acceso en el momento de la notificación de la resolución deberá otorgarse, en cualquier caso, en un plazo no superior a:

a) 5 días.

b) 7 días.

c) 10 días.

d) 15 días.

35. El acceso a la información pública requiere:

a) Solicitud previa.
b) Acreditación de la condición de interesado.
c) Motivación expresa.
d) La utilización de medios telemáticos.

36. Cuando la información pública solicitada no contuviera datos especialmente protegidos, el órgano al que se dirija la solicitud concederá el acceso previa .... suficientemente razonada del interés público en la divulgación de la información y los derechos de los afectados cuyos datos aparezcan en la información solicitada, en particular su derecho fundamental a la protección de datos de carácter personal. Señala la palabra que falta:

a) Catalogación.
b) Acreditación.
c) Ponderación.
d) Identificación.

37. Transcurrido el plazo máximo para resolver una solicitud de acceso a información pública sin que se haya dictado y notificado resolución expresa se entenderá:

a) Que la solicitud ha sido desestimada.
b) Que la solicitud se inadmitía a trámite.
c) Que el plazo para resolver queda prorrogado.
d) Que se suspende el plazo para dictar resolución.

38. En relación a la formalización del acceso a información pública, es cierto que:

a) El acceso a la información ha de realizarse por vía electrónica.
b) Si ha existido oposición de tercero, el acceso sólo tendrá lugar cuando, habiéndose concedido dicho acceso, haya transcurrido el plazo para interponer recurso contencioso administrativo sin que se haya formalizado o haya sido resuelto confirmando el derecho a recibir la información.
c) Si la información ya ha sido publicada, la resolución se ha de limitar a indicar al solicitante cómo puede acceder a ella.
d) En todo caso, la expedición de copias o la trasposición de la información a un formato diferente al original dará lugar a la exigencia de exacciones en los términos previstos en la Ley 8/1989, de 13 de abril, de Tasas y Precios Públicos, o, en su caso, conforme a la normativa autonómica o local que resulte aplicable.

39. Frente a toda resolución expresa o presunta en materia de acceso podrá interponerse una reclamación ante el Consejo de Transparencia y Buen Gobierno, previo a su impugnación en vía contencioso-administrativa, con carácter:

a) Preceptivo.
b) Potestativo.
c) Colectivo.
d) Extraordinario.

40. Según el artículo 24 de la Ley 19/2013, frente a toda resolución expresa o presunta en materia de acceso podrá interponerse una reclamación ante el Consejo de Transparencia y Buen Gobierno, con carácter potestativo y previo a su impugnación en vía contencioso-administrativa, en el plazo, a contar desde el día siguiente al de la notificación del acto impugnado o desde el día siguiente a aquel en que se produzcan los efectos del silencio administrativo, de:

a) Quince días.
b) Veinte días.
c) Un mes.
d) Tres meses.

41. El artículo 26 de la ley 19/2013 desglosa los principios de buen gobierno a los que someterán su actuación los miembros del Gobierno y los altos cargos. Entre los principios generales que señala figura:

a) No se implicarán en situaciones, actividades o intereses incompatibles con sus funciones y se abstendrán de intervenir en los asuntos en que concurra alguna causa que pueda afectar a su objetividad.
b) Guardarán la debida reserva respecto a los hechos o informaciones conocidos con motivo u ocasión del ejercicio de sus competencias.
c) Mantendrán una conducta digna y tratarán a los ciudadanos con esmerada corrección.
d) No aceptarán para sí regalos que superen los usos habituales, sociales o de cortesía, ni favores o servicios en condiciones ventajosas que puedan condicionar el desarrollo de sus funciones.

42. Atendiendo al artículo 26 de la Ley 19/2013, cuál de las siguientes opciones contiene un principio general de buen gobierno al que habrán de adecuar su actividad las personas comprendidas en el ámbito de aplicación del título II:

a) Guardarán la debida reserva respecto a los hechos o informaciones conocidos con motivo u ocasión del ejercicio de sus competencias.
b) No se implicarán en situaciones, actividades o intereses incompatibles con sus funciones y se abstendrán de intervenir en los asuntos en que concurra alguna causa que pueda afectar a su objetividad.
c) Respetarán el principio de imparcialidad, de modo que mantengan un criterio independiente y ajeno a todo interés particular.
d) Desempeñarán sus funciones con transparencia.

43. Con carácter previo a la elaboración de un proyecto o anteproyecto de ley o de un reglamento, se sustanciará una consulta pública, a través del portal web de la Administración competente en la que se recabará la opinión de los sujetos y de las organizaciones más representativas potencialmente afectados por la futura norma. La consulta pública podrá omitirse cuando la propuesta normativa:

a) Tenga un impacto significativo en la actividad económica.
b) Imponga obligaciones relevantes a los destinatarios.

c) Trate de normas presupuestarias u organizativas de la Administración Pública.

d) Regule aspectos parciales de una materia.

44. Uno de los siguientes principios de buen gobierno recogidos en el artículo 26 de la Ley 19/2013, está considerado como un principio de actuación:

a) Asumirán la responsabilidad de las decisiones y actuaciones propias y de los organismos que dirigen, sin perjuicio de otras que fueran exigibles legalmente.

b) Ejercerán sus funciones con dedicación al servicio público, absteniéndose de cualquier conducta que sea contraria a estos principios.

c) Mantendrán una conducta digna y tratarán a los ciudadanos con esmerada corrección.

d) No se valdrán de su posición en la Administración para obtener ventajas personales o materiales.

45. El Plan de Calidad de los Recursos Humanos de los Servicios Generales de la Administración de la Comunidad Autónoma de las Illes Balears, aprobado por Resolución de 16 de enero de 2014 de la consejera de Administraciones Públicas, pretende el reforzamiento de los equipos de trabajo y de las relaciones personales a través de:

a) La gestión por objetivos.

b) La gestión por procesos.

c) La gestión por competencias.

d) La gestión por preferencias.

Solución al test n.º 26

1. d) Gobierno abierto.

2. b) Transparencia.

3. c) Transparencia colaborativa.

4. d) La publicidad activa.

5. b) Que perciban durante el período de un año ayudas o subvenciones públicas en una cuantía superior a 100.000 euros o cuando al menos el 40% del total de sus ingresos anuales tengan carácter de ayuda o subvención pública, siempre que alcancen como mínimo la cantidad de 5.000 euros.

6. c) Los organismos autónomos, las Agencias Estatales, las entidades públicas empresariales y las entidades de Derecho Público que, con independencia funcional o con una especial autonomía reconocida por la Ley, tengan atribuidas funciones de regulación o supervisión de carácter externo sobre un determinado sector o actividad.

7. d) Del título I, el capítulo II, referido a la publicidad activa.

8. a) De una manera clara, estructurada y entendible para los interesados.

9. a) Previa disociación de los mismos.

10. a) En formatos reutilizables.

11. d) Accesibilidad universal y diseño para todos.

12. c) Un organigrama actualizado.

13. b) Las Administraciones Públicas publicarán los planes y programas anuales y plurianuales en los que se fijen objetivos concretos, así como las actividades, medios y tiempo previsto para su consecución.

14. a) Los consorcios.

15. d) Sí, en la medida en que supongan una interpretación del Derecho o tengan efectos jurídicos.

16. a) Las Administraciones Públicas, en el ámbito de sus competencias, publicarán los proyectos de Reglamento cuya iniciativa les corresponda.

17. b) Que, conforme a la legislación sectorial vigente, deban ser sometidos a un período de información pública durante su tramitación.

18. c) Podrá realizarse trimestralmente.

19. b) Accesibilidad.

20. b) Eficacia.

21. a) 50.000 euros.

22. a) La información pública.

23. a) La información contuviera datos personales que revelen la ideología, afiliación sindical, religión o creencias.

24. d) Solo se podrá autorizar el acceso en caso de que se cuente con el consentimiento expreso del afectado o si el acceso estuviera amparado por una norma con rango de ley.

25. c) Relativas a información para cuya divulgación sea necesaria una acción previa de reelaboración.

26. a) 25 años.

27. d) La motivación de la solicitud.

28. b) Que se dirijan a un órgano en cuyo poder no obre la información.

29. a) 10 días.

30. a) Los solicitantes de información podrán dirigirse a las Administraciones Públicas en cualquiera de las lenguas cooficiales del Estado en el territorio en el que radique la Administración en cuestión.

31. c) Se inadmitirán a trámite, mediante resolución motivada.

32. c) Quince días.

33. d) 1 mes.

34. c) 10 días.

35. a) Solicitud previa.

36. c) Ponderación.

37. a) Que la solicitud ha sido desestimada.

38. b) Si ha existido oposición de tercero, el acceso sólo tendrá lugar cuando, habiéndose concedido dicho acceso, haya transcurrido el plazo para interponer recurso contencioso administrativo sin que se haya formalizado o haya sido resuelto confirmando el derecho a recibir la información.

39. b) Potestativo.

40. c) Un mes.

41. c) Mantendrán una conducta digna y tratarán a los ciudadanos con esmerada corrección.

42. c) Respetarán el principio de imparcialidad, de modo que mantengan un criterio independiente y ajeno a todo interés particular.

43. d) Regule aspectos parciales de una materia.

44. d) No se valdrán de su posición en la Administración para obtener ventajas personales o materiales.

45. a) La gestión por objetivos.

TEST N.º 27

Ley 3/2007, de 22 de marzo, para la igualdad efectiva de mujeres y hombres: objeto y ámbito de la ley. El principio de igualdad en el empleo público. Ley 11/2016, de 28 de julio, de igualdad de mujeres y hombres de las Islas Baleares, medidas para la integración de la perspectiva de género en la actuación de las administraciones públicas de las Islas Baleares

1. Según su artículo 1, la LO 3/2007 tiene por objeto hacer efectivo el derecho de:

a) Conciliación de la vida laboral y familiar de mujeres y hombres.
b) Igualdad de trato y de oportunidades entre mujeres y hombres.
c) Participación en los asuntos públicos en igualdad de condiciones.
d) No discriminación por razón de sexo.

2. Las obligaciones establecidas en la LO 3/2007 son de aplicación a:

a) A toda persona, física o jurídica, que se encuentre o actúe en territorio español, cualquiera que fuese su nacionalidad, domicilio o residencia.
b) A todos los ciudadanos españoles, ya sea en territorio español o territorio de cualquier país extranjero.
c) A toda persona, física o jurídica, que se encuentre o actúe en territorio español, con nacionalidad española.
d) A toda persona, física o jurídica, que resida en territorio español, cualquiera que fuese su nacionalidad.

3. Según el artículo 4 de la LO 3/2007, la igualdad de trato y de oportunidades entre mujeres y hombres:

a) Es un deber de las Administraciones Públicas.
b) Es una fuente formal del Derecho.
c) Es un principio informador del ordenamiento jurídico.
d) Es un objetivo fundamental del procedimiento administrativo.

4. La situación en que se encuentra una persona que sea, haya sido o pudiera ser tratada, en atención a su sexo, de manera menos favorable que otra en situación comparable, se considera:

a) Discriminación directa.
b) Acoso sexual.
c) Discriminación indirecta.
d) Violencia de género.

5. A los efectos de la LO 3/2007, definimos como acoso sexual:

a) Cualquier comportamiento realizado en función del sexo de una persona, con el propósito o el efecto de atentar contra su dignidad y de crear un entorno intimidatorio, degradante u ofensivo.
b) La situación en que una disposición, criterio o práctica aparentemente neutros pone a personas de un sexo en desventaja particular con respecto a personas del otro, salvo que dicha disposición, criterio o práctica puedan justificarse objetivamente en atención a una finalidad legítima y que los medios para alcanzar dicha finalidad sean necesarios y adecuados.
c) Todo trato desfavorable a las mujeres relacionado con el embarazo o la maternidad.
d) Cualquier comportamiento, verbal o físico, de naturaleza sexual que tenga el propósito o produzca el efecto de atentar contra la dignidad de una persona, en particular cuando se crea un entorno intimidatorio, degradante u ofensivo.

6. Cualquier comportamiento realizado en función del sexo de una persona, con el propósito o el efecto de atentar contra su dignidad y de crear un entorno intimidatorio, degradante u ofensivo, constituye:

a) Discriminación directa.
b) Acoso sexual.
c) Acoso por razón de sexo.
d) Discriminación indirecta.

7. Para prevenir la realización de conductas discriminatorias en los actos y las cláusulas de los negocios jurídicos, el artículo 10 de la LO 3/2007 prevé la existencia de un sistema de sanciones eficaz y:

a) Proporcionado.
b) Comprensible.
c) Cuantificable.
d) Disuasorio.

8. Según el artículo 10 de la LO 3/2007, los actos y las cláusulas de los negocios jurídicos que constituyan o causen discriminación por razón de sexo se considerarán:

a) Válidos, pero anulables.
b) Nulos y sin efecto.

c) Ilegales.

d) Nulos, pero con efectos.

9. Con el fin de hacer efectivo el derecho constitucional de la igualdad, los Poderes Públicos adoptarán medidas específicas en favor de las mujeres para corregir situaciones patentes de desigualdad de hecho respecto de los hombres. Tales medidas, que serán aplicables en tanto subsistan dichas situaciones, habrán de ser en relación con el objetivo perseguido en cada caso razonables y:

a) Justificadas.

b) Autorizadas judicialmente.

c) Transparentes.

d) Proporcionadas.

10. La capacidad y la legitimación para intervenir en los procesos civiles, sociales y contencioso-administrativos que versen sobre la defensa del derecho de igualdad entre mujeres y hombres, corresponden a:

a) La persona acosada, únicamente.

b) Cualquier ciudadano.

c) Las personas físicas y jurídicas con interés legítimo.

d) Cualquier persona jurídica.

11. Según el artículo 17 de la LO 3/2007, el Gobierno, en las materias que sean de la competencia del Estado, aprobará un Plan Estratégico de Igualdad de Oportunidades:

a) Anualmente.

b) Bianualmente.

c) Cada cuatro años.

d) Periódicamente.

12. El artículo 18 de la LO 3/2007, exige al Gobierno la elaboración de un informe periódico sobre el conjunto de sus actuaciones en relación con la efectividad del principio de igualdad entre mujeres y hombres. Los términos en que se elaborarán estos informes se determinarán:

a) Por ley orgánica.

b) Por ley.

c) Reglamentariamente.

d) En una ley de bases.

13. El Gobierno dará cuenta del informe sobre el conjunto de sus actuaciones en relación con la efectividad del principio de igualdad entre mujeres y hombres:

a) Al Congreso de los Diputados.

b) A las Cortes Generales.

c) A las asociaciones y organizaciones de mujeres.

d) Al Defensor del Pueblo.

14. Los proyectos de disposiciones de carácter general y los planes de especial relevancia económica, social, cultural y artística que se sometan a la aprobación del Consejo de Ministros deberán incorporar:

a) Un Plan Estratégico de Igualdad de Oportunidades.

b) Una estadística o encuesta que posibilite el conocimiento de las diferencias en los valores, roles, situaciones y condiciones, de mujeres y hombres en el ámbito de acción del proyecto o plan.

c) Un informe periódico sobre el conjunto de sus actuaciones en relación con la efectividad del principio de igualdad entre mujeres y hombres.

d) Un informe sobre su impacto por razón de género.

15. El artículo 20 de la LO 3/2007, establece una serie de medidas obligatorias a las que se someterán los estudios y estadísticas que elaboren los poderes públicos. Cuál de las siguientes es una de dichas medidas:

a) Excluir sistemáticamente la variable de sexo en las estadísticas, encuestas y recogida de datos que lleven a cabo.

b) Realizar muestras lo suficientemente amplias para evitar que las diversas variables incluidas puedan ser explotadas y analizadas en función de la variable de sexo.

c) Explotar los datos de que disponen de modo que se puedan conocer las diferentes situaciones, condiciones, aspiraciones y necesidades de mujeres y hombres en los diferentes ámbitos de intervención.

d) Establecer e incluir en las operaciones estadísticas nuevos indicadores que posibiliten un mejor conocimiento de las similitudes en los valores, roles, situaciones, condiciones, aspiraciones y necesidades de mujeres y hombres.

16. Conforme al artículo 21 de la LO 3/2007, la Administración General del Estado y las Administraciones de las Comunidades Autónomas cooperarán para integrar el derecho de igualdad entre mujeres y hombres en el ejercicio de sus respectivas competencias y, en especial, en sus actuaciones de:

a) Supervisión.

b) Planificación.

c) Regulación.

d) Dirección.

17. Conforme al artículo 22 de la LO 3/2007, las corporaciones locales, con el fin de avanzar hacia un reparto equitativo de los tiempos entre mujeres y hombres, podrán establecer:

a) Planes Municipales de Empleo con perspectiva de género.

b) Ordenanzas de regulación del tiempo.

c) Ordenanzas o Edictos de representación equilibrada en los tiempos de la ciudad.

d) Planes Municipales de organización del tiempo de la ciudad.

18. El capítulo III del título V de la LO 3/2007, establece una serie de medidas que han de aplicarse obligatoriamente en la Administración General del Estado y en los organismos públicos vinculados o dependientes de ella, para favorecer la igualdad en el empleo público. Entre ellas figura:

a) Siempre que se apruebe la celebración de convocatorias de pruebas selectivas para el acceso al empleo público, sin excepción, se incluirá un informe de impacto de género.

b) En las bases de los concursos para la provisión de puestos de trabajo se computará, a los efectos de valoración del trabajo desarrollado y de los correspondientes méritos, el tiempo que las personas candidatas hayan permanecido en excedencia, reducción de jornada o permisos relacionados con la maternidad.

c) Cuando el período de vacaciones coincida con una incapacidad temporal derivada del embarazo, parto o lactancia natural, o con el permiso de maternidad, o con su ampliación por lactancia, la empleada pública tendrá derecho a disfrutar las vacaciones en fecha distinta, siempre que no haya terminado el año natural al que correspondan.

d) Preferencia por tiempo indefinido, en la adjudicación de plazas para participar en los cursos de formación a quienes se hayan incorporado al servicio activo procedentes del permiso de maternidad o paternidad, o hayan reingresado desde la situación de excedencia por razones de guarda legal y atención a personas mayores dependientes o personas con discapacidad.

19. La aprobación de convocatorias de pruebas selectivas para el acceso al empleo público en la Administración General del Estado o en los organismos públicos vinculados o dependientes de ella, deberá:

a) Asegurar la adjudicación de plazas ofertadas por el principio de presencia equilibrada de mujeres y hombres.

b) Reservar al menos un 40% de las plazas para cada sexo.

c) Acompañarse de un informe de impacto de género, salvo en casos de urgencia.

d) Separar las plazas que se hayan de cubrir por hombres de las que se hayan de cubrir por mujeres.

20. Con el objeto de actualizar los conocimientos de los empleados y empleadas públicas, aquellos que se hayan incorporado al servicio activo procedentes del permiso de maternidad o paternidad, o hayan reingresado desde la situación de excedencia por razones de guarda legal y atención a personas mayores dependientes o personas con discapacidad tendrán preferencia en la adjudicación de plazas para participar en los cursos de formación durante:

a) 6 meses.

b) 1 año.

c) 18 meses.

d) 2 años.

21. Conforme al artículo 59 de la LO 3/2007:

a) Cuando el periodo de vacaciones coincida con una incapacidad temporal derivada del embarazo, parto o lactancia natural, o con el permiso de maternidad, o con su ampliación por lactancia, la empleada pública deberá unir ambos períodos sumando los días de vacaciones que le correspondan.

b) Cuando el periodo de vacaciones coincida con una incapacidad temporal derivada del embarazo, parto o lactancia natural, o con el permiso de maternidad, o con su ampliación por lactancia, la empleada pública tendrá derecho a disfrutar las vacaciones en fecha distinta, antes de que termine el año natural al que correspondan.

c) Cuando el periodo de vacaciones coincida con una incapacidad temporal derivada del embarazo, parto o lactancia natural, o con el permiso de maternidad, o con su ampliación por lactancia, la empleada pública tendrá derecho a optar por estos permisos o por las vacaciones.

d) Cuando el periodo de vacaciones coincida con una incapacidad temporal derivada del embarazo, parto o lactancia natural, o con el permiso de maternidad, o con su ampliación por lactancia, la empleada pública tendrá derecho a disfrutar las vacaciones en fecha distinta, aunque haya terminado el año natural al que correspondan.

22. Según el artículo 60.2 de la LO 3/2007, con el fin de facilitar la promoción profesional de las empleadas públicas y su acceso a puestos directivos en la Administración General del Estado y en los organismos públicos vinculados o dependientes de ella, en las convocatorias de los correspondientes cursos de formación se reservará para su adjudicación a aquéllas que reúnan los requisitos establecidos, al menos:

a) Un 40% de las plazas.
b) Un 50% de las plazas.
c) Un 60% de las plazas.
d) Un 75% de las plazas.

23. Según la Ley 11/2016, de 28 de julio, de igualdad de mujeres y hombres de las Illes Balears, deben crearse unidades para la igualdad en todas las consejerías y en los consejos insulares, así como en los municipios de más de:

a) 5.000 habitantes.
b) 10.000 habitantes.
c) 20.000 habitantes.
d) 2.000 habitantes.

24. Todos los tribunales y órganos de selección del personal de la Administración de la Comunidad Autónoma de las Illes Balears y de los entes que integran su sector público instrumental, así como las comisiones de valoración de méritos para la provisión de puestos de trabajo, respetarán el principio de representación equilibrada de mujeres y hombres:

a) En todo caso.
b) Excepto por razones fundamentadas y objetivas debidamente motivadas.

c) Siempre que las bases de la convocatoria así lo manifiesten expresamente.

d) Excepto que las bases de la convocatoria expresamente dispongan otra cosa.

25. Se entiende por representación equilibrada la presencia de mujeres y hombres:

a) En porcentajes del 50 % para cada sexo.

b) De modo que ningún sexo supere el 55 % del conjunto de personas a las que se refiere ni sea inferior al 45 %.

c) De modo que ningún sexo supere el 65 % del conjunto de personas a las que se refiere ni sea inferior al 35 %.

d) De modo que ningún sexo supere el 60 % del conjunto de personas a las que se refiere ni sea inferior al 40 %.

26. A los efectos de la Ley 11/2016, ¿qué concepto se entiende como la toma en consideración de las diferencias entre mujeres y hombres en un ámbito o una actividad para el análisis, la planificación, el diseño y la ejecución de políticas, teniendo en cuenta la manera en que las diversas actuaciones, situaciones y necesidades afectan a las mujeres?

a) La corresponsabilidad.

b) La conciliación de la vida laboral y la vida personal.

c) La perspectiva de género.

d) El impacto de género.

27. El Gobierno de las Illes Balears deberá aprobar el Plan Estratégico de Igualdad de Mujeres y Hombres:

a) Para cada curso legislativo.

b) En los primeros 20 días de enero de cada año.

c) En el primer año de cada legislatura.

d) Cada 3 años.

28. A efectos de la Ley 11/2016, cómo se denomina al asesinato de mujeres por el hecho de ser mujeres, al margen de que exista o haya existido relación de pareja:

a) Violencia física.

b) Violencia sexual.

c) Violencia simbólica.

d) Feminicidio.

29. Según el artículo 3 de la Ley 11/2016, un principio general por el que se han de regir las actuaciones de los poderes públicos de las Illes Balears es el reconocimiento de la maternidad libre y decidida y de los derechos sexuales reproductivos, a fin de:

a) Garantizar el derecho a vivir sin violencia.

b) Evitar efectos negativos y obstáculos en el desarrollo de las libertades de las mujeres.

c) Eliminar las desigualdades de hecho por razón de sexo que puedan existir en los diferentes ámbitos.

d) Garantizar la igualdad entre mujeres y hombres.

30. El Gobierno de las Illes Balears deberá elaborar, en los términos que se establezcan reglamentariamente, un informe sobre el conjunto de sus actuaciones en relación con la efectividad del principio de igualdad entre mujeres y hombres, que se presentará al Parlamento de las Illes Balears:

a) Al final de cada legislatura.
b) Cada año.
c) Cada dos años.
d) Cada tres años.

Solución al test n.º 27

1. b) Igualdad de trato y de oportunidades entre mujeres y hombres.

2. a) A toda persona, física o jurídica, que se encuentre o actúe en territorio español, cualquiera que fuese su nacionalidad, domicilio o residencia.

3. c) Es un principio informador del ordenamiento jurídico.

4. a) Discriminación directa.

5. d) Cualquier comportamiento, verbal o físico, de naturaleza sexual que tenga el propósito o produzca el efecto de atentar contra la dignidad de una persona, en particular cuando se crea un entorno intimidatorio, degradante u ofensivo.

6. c) Acoso por razón de sexo.

7. d) Disuasorio.

8. b) Nulos y sin efecto.

9. d) Proporcionadas.

10. c) Las personas físicas y jurídicas con interés legítimo.

11. d) Periódicamente.

12. c) Reglamentariamente.

13. b) A las Cortes Generales.

14. d) Un informe sobre su impacto por razón de género.

15. c) Explotar los datos de que disponen de modo que se puedan conocer las diferentes situaciones, condiciones, aspiraciones y necesidades de mujeres y hombres en los diferentes ámbitos de intervención.

16. b) Planificación.

17. d) Planes Municipales de organización del tiempo de la ciudad.

18. b) En las bases de los concursos para la provisión de puestos de trabajo se computará, a los efectos de valoración del trabajo desarrollado y de los correspondientes méritos, el tiempo que las personas candidatas hayan permanecido en excedencia, reducción de jornada o permisos relacionados con la maternidad.

19. c) Acompañarse de un informe de impacto de género, salvo en casos de urgencia.

20. b) 1 año.

21. d) Cuando el periodo de vacaciones coincida con una incapacidad temporal derivada del embarazo, parto o lactancia natural, o con el permiso de maternidad, o con su ampliación por lactancia, la empleada pública tendrá derecho a disfrutar las vacaciones en fecha distinta, aunque haya terminado el año natural al que correspondan.

22. a) Un 40% de las plazas.

23. c) 20.000 habitantes.

24. b) Excepto por razones fundamentadas y objetivas debidamente motivadas.

25. d) De modo que ningún sexo supere el 60 % del conjunto de personas a las que se refiere ni sea inferior al 40 %.

26. c) La perspectiva de género.

27. c) En el primer año de cada legislatura.

28. d) Feminicidio.

29. b) Evitar efectos negativos y obstáculos en el desarrollo de las libertades de las mujeres.

30. c) Cada dos años.

Test del segundo ejercicio

TEST ÁREA 1

Editor de textos Microsoft Word

1. ¿Desde qué pestaña de la cinta de opciones de Word podremos comparar dos versiones de un documento?

a) Inicio.
b) Referencias.
c) Word no nos permite realizar esa acción.
d) Revisar.

2. La alineación es un comando de Word 365 que afecta a:

a) La selección de texto.
b) La dirección del texto.
c) El interlineado del texto.
d) Los párrafos.

3. ¿En qué ficha y grupo está la opción para utilizar las tabulaciones?

a) Insertar / Tabulaciones.
b) Inicio / Párrafo/ botón cuadro dialogo Párrafo.
c) Inicio / Formato / Tabulaciones.
d) Inicio / Tabulaciones.

4. En Word, ¿cuál es la diferencia entre pulsar INTRO y pulsar las teclas Mayúsculas + INTRO?

a) Intro indica párrafo nuevo, y Mayúsculas + Intro, indica salto de línea.
b) No hay diferencias para Word.
c) Intro indica párrafo nuevo, y Mayúsculas + Intro, indica salto de sección.
d) Intro indica salto de línea nuevo, y Mayúsculas + Intro, indica salto de sección.

5. El botón Borrar Formato en Word:

a) Borra todo el formato de la selección.
b) Deja el texto sin formato y lo elimina.

c) Funciona haciendo doble clic.

d) Ese botón existe en Excel pero no en Word.

6. Los sangrados en Word:

a) Definen el límite izquierdo de los párrafos de un documento, pero no el derecho.

b) Definen el límite derecho de los párrafos de un documento, pero no el izquierdo.

c) Definen el límite izquierdo y el límite derecho de los párrafos de un documento.

d) Definen el límite izquierdo de los párrafos de un documento y el estado de la primera línea de cada uno, pero no el derecho.

7. La carta modelo en un proceso de combinar correspondencia de Word:

a) Tendrá la tabla de datos para combinar.

b) No tendrá los campos de combinación.

c) Incluirá el texto que no varía.

d) Tendrá tantas hojas como datos se combinen.

8. El método más rápido para acceder a las opciones de la cinta de opciones de Word 365 es hacer un clic con el ratón sobre ellas; si queremos acceder a las distintas opciones de los paneles y menús a partir del teclado, podemos pulsar la tecla:

a) F1.

b) Shift.

c) Ctrl.

d) Alt.

9. El interlineado se puede definir como:

a) El espacio que hay entre los párrafos de un documento.

b) El espacio que hay entre los caracteres de un párrafo.

c) El espacio que hay entre los párrafos seleccionados.

d) El espacio que hay entre una y otra línea de un mismo párrafo.

10. La sangría francesa:

a) Controla el límite izquierdo de todas las líneas del párrafo menos la segunda.

b) Controla el límite izquierdo de todas las líneas del párrafo menos la última.

c) Controla el límite izquierdo de todas las líneas del párrafo menos la primera.

d) Controla el límite derecho de todas las líneas del párrafo menos la segunda.

11. Un estilo de Word 365 puede ser:

a) De párrafo, carácter, imagen y tabla.

b) De párrafo, carácter, imagen y lista.

c) De párrafo, carácter, lista y tabla.
d) Ninguna es correcta.

12. La biblioteca de viñetas es:

a) El conjunto de viñetas usadas en el documento actual.
b) El conjunto de viñetas disponibles para usar.
c) El conjunto de viñetas de tipo párrafo.
d) El conjunto de viñetas de tipo true type.

13. ¿Cuál de las siguientes no es una alineación válida de una tabla en Word 365?

a) Ajustar a la izquierda.
b) Ajustar a la derecha.
c) Ajustar al centro.
d) Derecha.

14. ¿Cuál de las siguientes afirmaciones es correcta en Word 365?

a) El botón Combinar celdas solo estará activo si hay más de una celda seleccionada en la tabla.
b) El botón Combinar celdas solo estará activo si hay una celda seleccionada en la tabla.
c) El botón Combinar celdas sólo estará activo si hay menos de cinco celdas seleccionadas en la tabla.
d) El botón Combinar celdas solo estará activo si hay más de tres celdas seleccionada en la tabla.

15. Si estando situados en la última celda de la segunda fila de una tabla de Word 365 pulsamos la tecla Tab, ¿qué sucederá?

a) Si no estamos en la última fila, se creará una nueva fila.
b) Se desplazará a la celda siguiente siempre que no estemos en la penúltima columna.
c) Si es la última fila creará una nueva fila.
d) Se desplazará a la celda anterior.

16. ¿Cuál de los siguientes valores no es un tipo correcto para usar en una columna de Word 365?

a) Párrafo.
b) Izquierdo.
c) Número.
d) Periodístico.

17. ¿Cuántas opciones de cambio de dirección de texto tenemos en Word 365?

a) 2.
b) 4.

c) 5.

d) 3.

18. Si tenemos el siguiente texto "CARLOS,TOJEIRO, ALCALÁ, 20,47 €, CALLE REAL 25,15002, A CORUÑA" y usamos la utilidad de convertir texto en tabla, con separador de ",", ¿cuántas columnas y filas nos ofrecerá por defecto?

a) 8 columnas y 1 fila.

b) 1 columna y 8 filas.

c) 7 columnas y 1 fila.

d) 1 columna y 7 filas.

19. La extensión de la plantilla por defecto en Word 365 es:

a) dotx.

b) dotm.

c) docx.

d) dot.

20 ¿Cuál de las siguientes es un ajuste válido del texto con respecto a una tabla en Word 365?

a) Alrededor.

b) Estrecho.

c) En línea con el texto.

d) Cuadrado.

21. Al seleccionar destinatarios de una combinación de correspondencia en Word, ¿cuál de las siguientes opciones NO está disponible?

a) Elegir de los contactos de Excel.

b) Escribir una nueva lista.

c) Usar una lista existente.

d) Elegir de los contactos de Outlook.

22. En Word, de forma predeterminada, indica cuáles son las vistas disponibles en el grupo Vistas de la pestaña Vista:

a) Modo lectura; Diseño de impresión; Esquema; Borrador; Zoom.

b) Modo lectura; Diseño de impresión; Diseño web; Varias páginas; Esquema; Borrador.

c) Modo lectura; Diseño de impresión; Diseño web; Esquema; Borrador.

d) Modo lectura; Diseño de impresión; Diseño web; Tabla de contenido; Esquema; Borrador.

23. En Word, ¿podemos evitar que un texto seleccionado se sustituya al comenzar la escritura?

a) Eso no sucede en Word. Al escribir cuando hay un texto seleccionado, éste no se sustituye.

b) Es una funcionalidad que no depende de Word sino del sistema operativo dado que sucede en cualquier editor de textos.

c) En: Opciones de Word -> Avanzadas -> Opciones de edición, desactivar la casilla "La escritura reemplaza el texto seleccionado".

d) Con el puntero del ratón sobre el texto seleccionado, al hacer clic en el botón derecho del ratón aparece la opción "No reemplazar texto".

24. ¿Qué ventaja proporciona el uso de comodines en la herramienta Buscar y reemplazar?

a) Permite distinguir entre mayúsculas y minúsculas al buscar.

b) Permite buscar palabras que aparecen en encabezados.

c) Permite localizar patrones de texto con estructuras variables.

d) Limita los reemplazos a estilos aplicados previamente.

25. ¿Qué efecto tiene modificar el estilo 'Normal' desde el panel de estilos?

a) Cambia solo los títulos del documento si están basados en ese estilo.

b) Solo afecta a los párrafos que se escriban a partir de ese momento.

c) Afecta a todos los párrafos del documento que usen ese estilo.

d) El cambio se guarda únicamente si se activa la plantilla global.

26. ¿Cuál es el resultado de aplicar distintos encabezados en un documento con varias secciones?

a) Solo es posible si se ha desactivado "Vincular al anterior".

b) Se duplican los encabezados automáticamente en todo el documento.

c) No se pueden tener encabezados distintos en un mismo archivo.

d) Solo afecta al estilo de los encabezados, no a su contenido.

27. ¿Dónde se define si la numeración de páginas se reinicia tras un salto de sección?

a) Insertar → Número de página.

b) Configurar página → Diseño.

c) Encabezado y pie → Opciones de diseño.

d) Insertar → Diseño de página.

28. ¿Qué se puede hacer desde el cuadro de diálogo "Configurar página"?

a) Aplicar estilos rápidos.

b) Activar protección de secciones.

c) Ajustar márgenes, orientación y disposición por secciones.
d) Insertar encabezados automáticos.

29. ¿Qué diferencia hay entre insertar un comentario y una nota al pie?

a) El comentario se imprime, la nota no.
b) El comentario es editable solo por el autor.
c) La nota al pie forma parte del texto, el comentario no.
d) Ambos aparecen en el mismo panel lateral.

30. ¿Qué se necesita para insertar correctamente una tabla de contenido automática?

a) Marcar manualmente cada entrada.
b) Aplicar estilos jerárquicos como "Título 1", "Título 2".
c) Usar combinaciones de teclas.
d) Insertar una tabla previamente vacía.

Solución al test área 1

1. d) Revisar.

2. d) Los párrafos.

3. b) Inicio / Párrafo/ botón cuadro diálogo Párrafo.

4. a) Intro indica párrafo nuevo, y Mayúsculas + Intro indica salto de línea.

5. a) Borra todo el formato de la selección.

6. c) Definen el límite izquierdo y el límite derecho de los párrafos de un documento.

7. c) Incluirá el texto que no varía.

8. d) ALT.

9. d) El espacio que hay entre una y otra línea de un mismo párrafo.

10. c) Controla el límite izquierdo de todas las líneas del párrafo menos la primera.

11. c) De párrafo, carácter, lista y tabla.

12. b) El conjunto de viñetas disponibles para usar.

13. b) Ajustar a la derecha.

14. a) El botón *Combinar celdas* solo estará activo si hay más de una celda selecciona-da en la tabla.

15. c) Si es la última fila creará una nueva fila.

16. d) Periodístico.

17. d) 3.

18. a) 8 columnas y 1 fila.

19. b) dotm.

20. a) Alrededor.

21. a) Elegir de los contactos de Excel.

22. c) Modo lectura; Diseño de impresión; Diseño web; Esquema; Borrador.

23. c) En: Opciones de Word -> Avanzadas -> Opciones de edición, desactivar la casilla "La escritura reemplaza el texto seleccionado".

24. c) Permite localizar patrones de texto con estructuras variables.

25. c) Afecta a todos los párrafos del documento que usen ese estilo.

26. a) Solo es posible si se ha desactivado "Vincular al anterior".

27. b) Configurar página → Diseño.

28. c) Ajustar márgenes, orientación y disposición por secciones.

29. c) La nota al pie forma parte del texto, el comentario no.

30. b) Aplicar estilos jerárquicos como "Título 1", "Título 2".

TEST ÁREA 2

Hoja de cálculo Microsoft Excel

1. Si queremos eliminar un comentario que tiene una celda de Excel 365, ¿a qué ficha tenemos que acceder?

a) Revisar.
b) Comentarios.
c) Datos.
d) Programador.

2. Las constantes de Excel 365 pueden ser valores:

a) Numéricos y de tipo texto.
b) Horas y fechas.
c) Numéricos, de texto, horas y fechas.
d) Numéricos, de texto, horas y fechas y booleanos.

3. Si en una celda aparecen símbolos de sostenido (#####):

a) Está en notación científica negativa.
b) Es un valor de texto incorrecto.
c) El valor no cabe en la altura de la celda.
d) El valor no cabe en la anchura de la celda.

4. Señala lo correcto con respecto al número de hojas que muestra Excel 365:

a) Muestra 1 hoja de cálculo.
b) Muestra 5 hojas de cálculo.
c) Muestra 10 hojas de cálculo.
d) Es un valor configurable.

5. La opción de ocultar Hoja de Excel 365 podemos encontrarla en:

a) El botón de lista *Insertar*.
b) El botón de lista *Hoja*.

c) El botón de lista *Formato.*

d) El botón de lista *Eliminar.*

6. La etiqueta de la hoja de cálculo se colorea totalmente cuando:

a) Estás en una hoja distinta.

b) Estás en la propia hoja.

c) Siempre está coloreada.

d) Si la hoja no está totalmente vacía.

7. En la ficha Página, en el grupo Configurar Página, podemos:

a) Definir los márgenes de la hoja.

b) Definir los saltos de página.

c) Definir la orientación.

d) Definir los márgenes, los saltos de página pero no el centrado de las páginas.

8. La escala de ajuste de la hoja de cálculo, tiene un valor máximo de:

a) 100 %.

b) 400 %.

c) 250 %.

d) 150 %.

9. Un encabezado en Excel 365 es la parte de la Hoja que está:

a) Entre el borde inferior y el margen superior.

b) Entre el borde inferior y el margen inferior.

c) Entre el borde superior y el margen superior.

d) Entre el borde superior y el margen superior.

10. El código #N/A es:

a) Error de acceso a la celda.

b) Fórmula matricial.

c) Error de celda.

d) División por 0.

11. Las funciones de Excel 365 son:

a) Fórmulas predefinidas.

b) Cálculos predefinidos.

c) Argumentos predefinidos.

d) Macros.

12. La función =SUMA(A1 ; A8 ; A10)

a) Suma todas las celdas desde la A1 a la A8 y además la A10.
b) Suma todas las celdas desde la A1 a la A10 menos la A8.
c) Suma todas las celdas desde la A1 a la A8 y el resultado lo coloca en la A10.
d) Suma las celdas A1, A8 y la A10.

13. La función =SUMA(A1 ; 3 ; A8)

a) Suma 3 veces la celda A1 y la A8.
b) Suma la celda A1 y 3 veces la celda A8.
c) No es una fórmula correcta.
d) Suma la celda A1, una constante de 3 y la celda A8.

14. La función RESIDUO:

a) Calcula el interés residual de un préstamo.
b) Devuelve el resto de una división.
c) Calcula la parte entera de una división.
d) No es una función correcta, sería RESTO.

15. La función" =REDONDEAR (B3 ; -2)":

a) Dará un error como resultado.
b) Redondea el valor B3 al valor más cercano a "-2".
c) Redondea el valor B3 y le resta "2".
d) Dependerá del valor de la celda B3.

16. Un gráfico en Excel 365 puede llegar a tener:

a) Eje X.
b) Eje X, Eje Y.
c) Eje X, Eje Y, Eje Z.
d) Eje X y Eje Z.

17. El eje de valores de un gráfico en columnas:

a) Puede ser el eje vertical.
b) Puede ser el eje horizontal.
c) Puede ser el eje vertical u horizontal.
d) Un gráfico de columnas no tiene eje de valores.

18. El área de trazado de un gráfico:

a) Es el área total ocupada por el gráfico.
b) Es el área que ocupa la representación de las series de datos.
c) Es el área que ocupan el título y la leyenda del gráfico.
d) Es el área que ocupa la leyenda y los rótulos de datos.

19. En Excel, ¿cuál de las siguientes funciones es de texto?

a) COVAR.
b) SUSTITUIR.
c) BDMAX.
d) AMORTIZ.LIN.

20. En Excel, ¿cuál de las siguientes opciones NO está disponible en el Formato condicional de una celda?

a) Barras de datos.
b) Líneas.
c) Conjuntos de iconos.
d) Escalas de color.

21. En una hoja de Excel tenemos un valor numérico en la celda B1. En la celda C1 queremos que aparezca el texto "Bajo" si B1 es menor o igual a 15, "Medio" si B1 está entre 16 y 25, y "Alto" si B1 es mayor de 25 (todos los textos sin comillas). ¿Qué formula introduciremos en la celda C1?

a) =SI(B1<=15; "Bajo"; B1<=25; "Medio"; C1>25; "Alto").
b) =SI.CONJUNTO(B1<=15 "Bajo";B1<=25 "Medio"; B1>25 "Alto").
c) =SI(B1<=15;"Bajo";SI(B1<=25;"Medio";"Alto")).
d) =SI.CONJUNTO(B1<=15;"Bajo";SI(B1<=25;"Medio";"Alto")).

22. En una hoja Excel la celda D1 contiene el texto "CarlosMAD 01" y la celda D2 contiene la fórmula "=EXTRAE(D1;11;2)" (ambos sin comillas). ¿Qué resultado obtenemos en la celda A2?

a) CarlosMAD 0.
b) CarlosMAD 01.
c) Ca.
d) 01.

23. ¿Cuál es el resultado de aplicar la fórmula =MES(FECHA(2023;12;25))?

a) 12.
b) 25.
c) 2023.
d) Diciembre.

24. ¿Para qué sirve la función =SI.ERROR(A1/B1;"Error")?

a) Oculta celdas en blanco.
b) Muestra un mensaje si hay división entre cero o error.

c) Reemplaza los errores de sintaxis por 0.
d) Elimina errores de todas las hojas conectadas.

25. ¿Qué se consigue con la opción "Ocultar" desde el menú contextual de filas o columnas?

a) Se eliminan los datos.
b) Se bloquea la edición.
c) Se ocultan visualmente pero siguen presentes en cálculos.
d) Se protegen mediante contraseña.

26. ¿Dónde se puede cambiar el motor de cálculo predeterminado de Excel (manual o automático)?

a) Pestaña Vista → Cálculo.
b) Opciones de Excel → Fórmulas.
c) Datos → Conexiones.
d) Desarrollador → Macros.

27. ¿Qué tipo de operación no aparece en el Pegado Especial?

a) Restar.
b) Multiplicar.
c) Dividir.
d) Todas aparecen.

28. ¿Qué resultado produce la fórmula =SI(Y(A2>10 ; B2<5);"Sí";"No")?

a) "Sí" si A2 y B2 cumplen las condiciones; de lo contrario, "No".
b) "Sí" si A2 o B2 cumplen las condiciones; de lo contrario, "No".
c) "Sí" si B2 es mayor que 5 y A2 menor que 10.
d) "No" si ambas condiciones se cumplen.

29. ¿Qué ocurre al activar la opción "Inmovilizar paneles"?

a) Las celdas seleccionadas se bloquean para edición.
b) La hoja se convierte en solo lectura.
c) Se mantienen visibles las filas y/o columnas seleccionadas al desplazarse.
d) Las celdas se duplican al inicio de la hoja.

30. ¿Qué hace la función =CONTAR.SI(A1:A10;">10")?

a) Cuenta las celdas con valor igual a 10.
b) Cuenta celdas con texto ">10".
c) Cuenta las celdas cuyo valor numérico sea mayor que 10.
d) Suma los valores mayores a 10.

Solución al test área 2

1. a) Revisar.

2. c) Numéricos, de texto, horas y fechas.

3. d) El valor no cabe en la anchura de la celda.

4. d) Es un valor configurable.

5. c) El botón de lista Formato.

6. a) Estás en una hoja distinta.

7. c) Definir la orientación.

8. b) 400 %.

9. c) Entre el borde superior y el margen superior.

10. c) Error de celda.

11. a) Fórmulas predefinidas.

12. d) Suma las celdas A1, A8 y la A10.

13. d) Suma la celda A1, una constante de 3 y la celda A8.

14. b) Devuelve el resto de una división.

15. d) Dependerá del valor de la celda B3.

16. c) Eje X, Eje Y, Eje Z.

17. c) Puede ser el eje vertical u horizontal.

18. b) Es el área que ocupa la representación de las series de datos.

19. b) SUSTITUIR.

20. b) Líneas.

21. c) =SI(B1<=15;"Bajo";SI(B1<=25;"Medio";"Alto")).

22. d) 01.

23. a) 12.

24. b) Muestra un mensaje si hay división entre cero o error.

25. c) Se ocultan visualmente pero siguen presentes en cálculos.

26. b) Opciones de Excel → Fórmulas.

27. d) Todas aparecen.

28. a) "Sí" si A2 y B2 cumplen las condiciones; de lo contrario, "No".

29. c) Se mantienen visibles las filas y/o columnas seleccionadas al desplazarse.

30. c) Cuenta las celdas cuyo valor numérico sea mayor que 10.

Cómo acceder al Curso

Auxiliar Administrativo/a
Test del temario

El uso de los códigos **es exclusivo de los compradores de los productos de Editorial MAD**. Cada producto posee un código único y de un solo uso. Es personal e intransferible y da acceso a servicios y contenidos adicionales. Editorial MAD se reserva el derecho de hacer cuantas comprobaciones sean necesarias para identificar al legítimo poseedor del código y dejar de dar servicio a quien haga uso fraudulento del mismo, además de emprender cuantas acciones legales estime oportunas según la legislación vigente.

Deberás acceder a:

mad.es/registro-campus

Si una vez aceptadas las condiciones de uso del Campus decides hacer uso del mismo, necesitarás del siguiente código de acceso junto con los códigos del resto de títulos que se exigen (si fuera el caso):

WU8E67HMVQ